编译文库

语言学

胡学坤 著

中西翻译理论与评析

Chinese and Western Translation
Theories and Criticism

图书在版编目（CIP）数据

中西翻译理论与评析 / 胡学坤著. -- 北京：中央编译出版社，2024.9. -- ISBN 978-7-5117-4694-8

Ⅰ．H059

中国国家版本馆CIP数据核字第2024JG9274号

中西翻译理论与评析

责任编辑	哈　曼
责任印制	李　颖
出版发行	中央编译出版社
网　　址	www.cctpcm.com
地　　址	北京市海淀区北四环西路69号（100080）
电　　话	（010）55627391（总编室）　　（010）55627116（编辑室）
	（010）55627320（发行部）　　（010）55627377（新技术部）
经　　销	全国新华书店
印　　刷	佳兴达印刷（天津）有限公司
开　　本	710毫米×1000毫米　1/16
字　　数	213千字
印　　张	13.5
版　　次	2024年9月第1版
印　　次	2024年9月第1次印刷
定　　价	98.00元

新浪微博：@中央编译出版社　　　微　信：中央编译出版社（ID: cctphome）
淘宝店铺：中央编译出版社直销店（http://shop108367160.taobao.com）　（010）55627331

本社常年法律顾问：北京市吴栾赵阎律师事务所律师　　闫军　梁勤
凡有印装质量问题，本社负责调换，电话：（010）55627320

前　言

翻译，是文化的桥梁，思想的纽带。在全球化的时代背景下，翻译的重要性愈发凸显。无论是科技的交流，还是文化的传承，都离不开翻译的助力。中西翻译理论与评析，旨在探讨两种文化背景下翻译理论与实践的发展，深入剖析各种翻译理论的内涵与应用，以期推动翻译领域的进步。

在中国，翻译的历史源远流长，翻译工作者们始终致力于文化的传播与交流，他们所提出的"信、达、雅"等翻译原则，至今仍对翻译实践有着深远的影响。同时，中国翻译理论也注重与实际相结合，强调译文的流畅性和自然性。而在西方，翻译理论的发展同样丰富多样。从古罗马的翻译家哲罗姆，到近代的翻译理论家奈达，西方的翻译理论经历了不断的演变和发展。尤其是20世纪中叶以后，随着语言学、符号学、文化学等多学科的介入，西方的翻译理论愈发呈现出多元化的特点。

本书从中西两个角度，对翻译理论进行了深入的评析。一方面，回顾中国翻译理论的历史演变和主要观点；另一方面，介绍西方翻译理论的代表性理论和方法。通过对比分析，本书试图找到两种理论体系之间的共通之处和差异所在。在这个过程中，笔者发现中西翻译理论虽然起源不同，但都强调译文的准确性和流畅性。同时，两者也都认为翻译不仅仅是语言的转换，更是文化的传播。当然，中西翻译理论在具体的实践方法、评价标准等方面仍存在一定的差异。这些差异反映了不同文化背景下人们对翻译的理解和追求。

在写作过程中，笔者尽可能收集和整理大量的文献资料，力图全面、深入地探讨中西翻译理论及评析的各个方面。同时，笔者也注重理论与实践的结合，通过具体案例的分析和讨论，使读者更好地理解和掌握翻译理论及评析的相关知识。

　　本书适用于翻译学、语言学、文学和文化研究等领域的研究人员、教师和学生。通过阅读本书，读者可以深入了解中西翻译理论与评析的历史、现状及未来发展趋势，提高对翻译活动的认识和理解，为翻译实践提供更为准确和有效的指导。希望本书能为中西翻译理论与评析的研究和发展做出贡献，同时也期待读者对本书提出宝贵的意见和建议。

目录

第一章 中西翻译概论 … 1
  第一节 翻译的内涵与发展机制 … 1
  第二节 翻译的特征与阶段 … 28
  第三节 中国的翻译理论 … 33
  第四节 西方的翻译理论 … 43

第二章 中西翻译的审美维度 … 57
  第一节 中西翻译美学体系构建 … 57
  第二节 中西翻译语言审美维度 … 65
  第三节 中西翻译审美的主客体 … 67
  第四节 中西翻译中的审美再现 … 83

第三章 中西翻译的文化视角 … 89
  第一节 文化对比视角下的中西翻译 … 89
  第二节 文化传递视角下的中西翻译 … 99
  第三节 文化交融视角下的中西翻译 … 103
  第四节 文化功能视角下的中西翻译 … 109

第四章 中西诗歌翻译的评析研究 ······ 164
第一节 中西诗歌翻译认知与特点 ······ 164
第二节 中西诗歌翻译的具体策略 ······ 171
第三节 中西诗歌翻译的鉴赏评析 ······ 172

第五章 中西散文翻译的评析研究 ······ 174
第一节 中西散文翻译技巧与策略 ······ 174
第二节 中西散文翻译鉴赏的探究 ······ 187
第三节 中西散文翻译的译作评析 ······ 189

第六章 中西小说翻译的评析研究 ······ 191
第一节 中西小说翻译的特点分析 ······ 191
第二节 中西小说翻译的方法策略 ······ 196
第三节 中西小说翻译的译作评析 ······ 199

第七章 中西戏剧翻译的评析研究 ······ 201
第一节 中西戏剧翻译的主要特点 ······ 201
第二节 中西戏剧翻译的具体策略 ······ 204
第三节 中西戏剧翻译的译作评析 ······ 206

参考文献 ······ 208

第一章　中西翻译概论

第一节　翻译的内涵与发展机制

一、翻译的基本内涵

"翻译是用一种语言的创造性方式再现另一种语言反映的原作特质"[①]。这样，具有不同语言和文化背景的人就可以通过翻译的桥梁作用顺利地进行相互学习和交流了。

翻译是在社会发展、人际交流日益频繁和广泛的基础上产生的，它是不同国籍、不同民族的人们之间进行经济、文化和科技交流活动必不可少的媒介和催化剂。随着对外开放步伐加快，和其他国家之间的人员交流、贸易往来和经济技术合作也越来越频繁。全球经济一体化的发展趋势，使得人们必须密切关注国际经济生活中出现的新情况、新问题，并及时做出反馈。就个人而言，越来越多的中国人走出去，或求学、或旅游、或经商；反过来，到中国来旅游、投资、定居的国际友人也日益增多。上述这些活动都需要利用翻译这一重要的工具来进行，这充分体现了翻译在经济发展过程中的重要性。

翻译是在准确、通顺的基础上，把一种语言信息转变成另一种语言信息的

[①] 刘重霄：《翻译理论、技巧与实践》，北京：首都经济贸易大学出版社2021年版，第4页。

行为。翻译是将一种相对陌生的表达方式，转换成相对熟悉的表达方式的过程。其内容有对语言、文字、图形、符号的翻译。其中，"翻"是指对交谈的语言转换，指对交谈中的两种语言进行即时的、一句对一句的转换，即先把一句甲语转换为一句乙语，然后再把一句乙语转换为一句甲语，这是一种轮流的、交替的语言或信息转换。"译"是指对单向陈述的语言转换，指单向陈述，即说者只说不问，听者只听不答，中间为双语人士，只为说者做语言转换。

（一）翻译的目的

"人类文明与发展离不开跨文化交流，翻译是不同文化相互通约的必要条件"[①]。但是，由于翻译实践是一项十分复杂的社会活动，它涉及不同学科和不同领域，因此会造成众说纷纭、各执己见的现象。翻译活动在思维、寓意和美学等各层次有各自的活动内容、表现形式与传达目的。任何翻译从本质上看都是一致的，但不同类型、不同目的的翻译具有不同层次的要求，并且受到不同层次的活动规律的约束。无论翻译时间涉及哪个领域，翻译的层次都是不变的，只是其中的内核不同，这就为不同翻译时间的标准制定提供了依据。

翻译本来就是人类一种有目的的社会化行为。译者的目的直接影响其翻译材料的选择和翻译方法的运用。翻译内容和如何翻译都是十分重要的。翻译是一种语际转换工作。任何语言都可划为一个具有某种特性和特质的系统，但语言系统毕竟不同于物理、化学等自然科学的系统。翻译目的因人、因地、因时、因事发生变化，主要包括以下方面。

1. 翻译促进文化的交流与融合

翻译可以有不同的目的，无论是为科学还是为政治，一般都是把一种文化中的所有，而另一种文化中的所无，或者两种文化中都有但又不完全相同的内容进行译介，而这种译介活动就是广义上的文化交流。各民族文化在各个历史时期的发展并不均衡，由于各种因素，不同民族文化存在很大差异。客观而

---

① 龙江华、赵静、陈倩主编：《翻译及翻译研究新论》，成都：电子科技大学出版社2022年版，第4页。

言，任何一种文化都有其优秀成分，而作为世界文化的一个组成部分，这些优秀成分也应当保存下去，并为世界文明的发展做出贡献。人们提倡文化交流，这是各个历史时期的先进分子已经进行的努力，也是今天和往后一切认真从事翻译工作的人们应当确定的一个基本目的或目标。

翻译促进了文化交流，交流推动了人类文明的发展；文明的发展使世界各民族之间更大规模、更频繁的交际成为可能，反过来又对翻译提出了更高的要求。因此，只提文化的交流已经不够，还应有文化的融合。经济是基础，文化是上层建筑。现在世界经济正趋于一体化，任何一个民族要其他民族全部接受自己的文化是难以办到的，而任何一个民族要生存，要发展，不交流也是不可行的。未来的世界应当有一种包容了各民族文化的优秀成分的世界文化，这种世界文化的形成要靠各民族文化的交流和融合。

任何一种严肃认真的翻译活动客观上都是文化的交流，而文化的交流势必带来文化的融合，各民族文化中相同或相通的成分也在逐步增加。从这个意义上讲，文化的交流和融合是翻译活动的结果，把它作为翻译的目的提出来，一方面是为了使人们在今后的翻译活动中具有较强的目的性；另一方面也是以此来考查翻译理论涉及的其他问题。

2. 翻译促使人类不再需要翻译

翻译的最终目标是使人类不再需要翻译，并不是讨论人类都使用一种语言的可能性，而是从翻译工作本身来探讨一种最佳境界或目标，以及此目标对翻译诸方面可能产生的影响。世界正在变小，人类大范围交际的可能性和必要性都在增长，随之而来的是对翻译的量与质的要求也在提高。大多认真从事过翻译活动的人都知道这种帮助人们相互理解的工作之艰难。尤其是对于信息发出者的情况不十分了解，对信息难以全面准确地把握，对于接收信息的对象的情况也无法了解或无法确切了解的那种翻译活动，即多数笔译活动，要把原文的信息及表达信息的风格等准确无误地传达给读者，是相当困难的，有时甚至是不可能的，造成这种困难的因素较多。

造成这种问题的原因大致包括：一是译者水平有限。大多数从事翻译活动的人都存在对原文的意义、风格等不能完全吃透或在译文中无力准确再现的问题。尽管人们在努力提高自己的知识水平，但人生有限而知识无穷，即使少数通晓两种或多种语言的天才，也难以做到，因为语言是文化的载体，通晓两种语言难，要通晓两种语言所代表的文化简直是难上加难；二是语言本身存在的种种不可译性。例如汉语同音字多，由此产生许多借助同音字的歇后语。将这些歇后语翻译到其他语言中几乎是不可能的；三是由文化差异造成的译入语的读者对原语文化理解上的局限性。如果读者群没有必要的文化基地，光靠译者个人的努力，要使翻译过来的文字在译入国中产生原语国的那种效应也是不可能的，毕竟不同的民族、思维方式、风俗习惯等各不相同。

完全的"信"，完全的等值，就一部作品或一门人文学科的翻译来讲是不太可能的。只有当语言相互之间不再存在不可译性，人类的文化不再存在差异时，才能达到完全的"信"，而那时也许就不再需要语际翻译了。翻译的最终目的是人类不再需要翻译，还有其他方面的考虑。首先，语言是一种交际工具，而不同语言的存在显然使人们的交际增加了困难。人类从很早以前就意识到各民族使用不同的语言是人类社会进步的一种阻碍。人们为了学习其他民族的语言耗费了较多精力。即便如此，仍有许多宝贵财富因为语言阻碍而没有发挥其应有的效益。如果人们把学习其他民族语言的精力用于学习其他知识，如果人类各民族的精神财富都充分发挥了作用，人类文明的进步将会更大些。其次，目前有数百种语言面临即将消失的风险。从人类发展的角度来看，人类社会使用的语言种类将会越来越少。最后，翻译促进文化的交流，交流必然带来融合。融合是翻译活动的结果，也为进一步的翻译活动创造有利条件。无论是人类的发展，还是翻译本身的要求，都可以把翻译的最终目的确定为通过文化的融合使人类不再需要翻译。

（二）翻译的价值

1. 理论价值

翻译本身并非理论，所谓理论价值，并不是指它作为理论的价值，而是指它对于翻译研究和翻译理论有价值。换言之，翻译作为翻译理论的直接研究对象，是翻译理论赖以产生和发展的基础，因而它对于翻译理论有价值。翻译理论乃至翻译学作为独立学科的健全和发展，在很大程度上都依赖于翻译这一基础的存在和发展。离开了这个基础，翻译理论的存在和发展就无从谈起。反之，翻译理论通过翻译的描写和总结，又可以给这个活动提供指导，带动翻译实践更好地发展，使它在人类文明向前发展中不可或缺的作用得到更好的彰显。

在这个意义上，翻译实践是前提，它不会因为翻译理论的存在而存在；但因为有了它的存在，翻译理论的存在才能成为可能。翻译对于翻译理论的价值也在于此。

翻译的历史，实际上就是政治、经济和文化的交流史。翻译史与文学史、文化史一起，应是等量齐观的。一个优秀的译者要了解翻译的意义，这样才能更好地加深对翻译事业的了解，更好地做好翻译这份工作。对于翻译的功能、意义和地位，古往今来，有着许多不同的见解。因为所处的时代不同，翻译所带来的地位与作用不同，从而译者对于翻译的认识肯定就会有所变化。

随着经济的发展，各国之间的交流日益加深，翻译在当今社会的重要性有进一步加强的趋势。市场需求的新的译者数量在不断增加，各个行业和各个领域都需要翻译人才。意识到翻译的重要性之后，才能够更好地在翻译领域做出努力，才能更好地看到自身价值的实现。

2. 美学价值

意境为语言艺术作品通过形象描写所表现出来的境界和情调，它是所描述的景象和所表现的情意相交融的产物。意境的追求和创造，是为修辞上获得最佳表达效果所必需的。在文学翻译中，译者以追求原作的意境为己任，以再创造等同的意境为目的，以实现翻译之美学价值。具体而言，译者不仅要动笔，而且要运用情感翻译。译者要通过翻译走近创造者的创作过程，了解他们的心理活动、心理状态以及个性，甚至追寻他们的艺术思维，获得其审美意象。

成功的审美作品，总是能够真实地折射出创作者心灵深处的人格特征。译者从作品中了解作者，认识作者，甚至变成作者，与作者达成共识，这是一个由此及彼、由浅入深的认识。译者对作者的认识以及与作者的心理同构是交叉进行的。在认识作品的过程中认识作者，反过来更好地认识作品，对作品的进一步认识又加了深译者对作者的进一步了解。

传统心理学将人们的认识界定为"知""情""意"心理活动三阶段,即由逐渐而广泛而深入地认识(感性认识),继而有相应的、投入性的情绪体验,然后有了主体意识的觉醒而发生有行为倾向的意志(主体意识)。在整个艺术鉴赏与创造过程中,译者的心理活动呈由有意识到无意识再到有意识的走向。译者意向性地认识作品与作者,在不知不觉中与作者心神交融,与作品心物交融;然后译者再走出作品本身,回到自我意识中进行信息的加工制作,由形象感知转为抽象思维,在与作者达成美的共识之后,进而实现艺术再创造。这是一个逐渐形成的意象整合的过程。译者在认识过程中不断地将作品的各个部分在心理上加以整合。译者通过心理综合对作品形成审美意象之后,再来感知审美意象。这是更高一级的感知,有别于认识开始时的感知。新的感知将进一步作用于意象的心理综合,直至形成一个整体意象。

文学翻译的艺术再现活动是超然的,其中译者所操作的不是有形结构,而是超越时空的物象。因此,需要作者能够凭借直觉对形式结构之外的意义加以抽象地概括与形象整合。译者与作者之间贵在默契。译者根据从作品中所获得的感性信息,建构与作者相近的审美意象,从而体会到原作中的艺术境界。译者将循着作者的想象,跟着作者的思路,进入原作的心境。

3. 语言价值及社会文化价值

就形式而言,翻译是一种语言转换活动,因此应该树立一定的翻译语言价值观,而翻译的语言价值,就是如何认识翻译活动对语言产生的作用和影响问题。翻译就其形式而言是一种符号转换活动,任何翻译活动的完成都要经过符号转换这个过程。符号的转换性由此成为翻译活动的特性之一。而探讨翻译的语言价值对符号转换活动所带来的一些基本问题也应予以关注。

翻译的价值还体现在社会文化层面,社会的变革、文化的发展,往往和蓬勃开展的翻译活动有关。翻译可以引发对特定文化乃至社会制度的变革,也可以推动文明向前演进。此外,从社会文化的角度来考察翻译现象,可以使不同时期的翻译文学得到更为合理的解释。

(三)翻译的要求

翻译不仅涉及语言间的转换,还涉及文化间的转换。只了解语言知识,而不了解文化知识,或只了解文化知识,而不了解语言知识,都会影响翻译的准确性和流畅性。因此,翻译并不是一个简单的过程,它对译者提出了很高的要求。下面对翻译的要求进行系统分析。

1. 良好的政治素养

翻译要具备良好的政治素养。译者在从事翻译工作的过程中,应具备良好的政治素养。因为翻译是两种语言和两种文化之间的转换。在进行翻译的过程中,势必涉及不同国家的交流和互动。如果译者缺乏良好的政治素养,就很容易引起不必要的问题。因此,译者必须具有良好的政治素养,明确自己的立场,对原文进行仔细分析和推敲,才能够将原文的思想和内容准确地翻译出来。

2. 高度的职业责任感

翻译要有高度的职业责任感。社会中的职业有很多种,无论从事哪种职业,都要有高度的职业责任感,译者也是如此。这里所说的高度的职业责任感,主要强调的是译者认同自己的职业,对自己的职业负责,在从事翻译工作的过程中,应该认真对待每一次翻译,在日常翻译中养成认真、仔细、负责的态度。同时,在翻译过程中,如果遇到不理解、不熟悉的知识点,或拿捏不准的知识点,不能随意发挥,而应该多查阅资料,保证用词的准确性和表达的正确性。

只有具有高度的职业责任感,才能对翻译这一工作保持浓厚的兴趣,也才能不断学习、不断进步。另外,还需要明确的一点是,翻译是一项复杂的活动,它涉及经济合作、文化交流、贸易往来等,如果翻译出现错误,不仅会影响经济发展、国际交流,还有可能带来不良的影响。因此,译者必须对自己的职业有着高度的认同感和职业感,认真对待每一次翻译。

3. 较强的英语语言能力

翻译要有较强的英语语言能力。作为一名优秀的译者,还需要具有较强的英语语言能力。英语语言能力是译者的必备能力，也是翻译成功的重要保障。在翻译实践中，译者应该注重自身英语语言能力的提高。具体而言，译者应该多研究语法知识，熟练掌握并运用英语语法知识。同时，译者还需要多掌握一些词汇、短语等，这些都是翻译的基础。如果没有丰富的词汇量、没有扎实的语法知识等做后盾，译者在翻译中很容易出现错误，也很难将原文的思想、情感、内容如实地呈现出来。

4. 扎实的汉语基本功

翻译要有扎实的汉语基本功。在翻译过程中，译者不仅要具有扎实的英语基本功，还必须具有丰富的汉语知识。只有这样，才能在理解原文、编辑译文的过程中，使译文在如实反映原文思想、内容的基础上，表达得更加顺畅、自如。汉语知识在英语翻译教学中被忽视，从而导致译者的汉语知识不过关，在翻译实践中，为了寻找与英语相对应的汉语而思考半天，浪费了时间和精力。因此，一名优秀的译者，还应该具有扎实的汉语基本功。

5. 较强的知识水平能力

翻译要有较强的知识水平能力。知识水平能力是当今译者必须具备的一项能力，这一能力强调的不仅是译者在翻译过程中的译入语能力，还是译者在翻译过程中的译出语能力。同时，还强调译者不仅要掌握语言知识、文化知识，还要掌握外语的一些专业知识和术语。如果译者不了解一些常用的学术术语，在翻译实践中也很难翻译出优秀的作品。

在这里主要以英语翻译为例，对译者的知识水平能力进行分析。在进行英语翻译的过程中，译者不仅要理解英语专业术语，还要保证翻译的通顺性、达意性。也就是说，译者要根据原文的思想、内容，充分利用自己的知识水平能力将知识综合起来并使之如实地反映原文内容。除此之外，译者还应该掌握一些常用的词语，了解这些常用词语的用法，从而在实际翻译过程中灵活地运用。

6. 较强的应用水平能力

翻译要有较强的应用水平能力。应用水平能力是一名优秀译者必须具备的一种能力，同时也是对当前译者的一种要求。应用水平能力强调的是译者对知识的一种应用能力。具体到翻译中，主要强调的是译者应该具备较强的翻译能力。阅读能力与翻译能力存在着紧密的联系。阅读能力的提高在很大程度上也促进了翻译能力的提高。但需要指出的是，阅读能力和翻译能力的提高并不一定是同步的，应该根据学生的实际情况来提高各项能力。

综上所述，翻译是语言和文化的转换过程，这一过程涉及的内容很广泛。要想翻译出优秀的作品，译者必须遵循翻译的原则，同时还应该提高自己的素质和素养。另外，译者还应该结合自身的实际情况，不断学习、不断实践，从而提高自身的翻译综合能力。

（四）翻译的限度

翻译涉及的是语言之间和文化之间的转换。在翻译过程中，应该明确翻译的限度，也就是两种语言之间转换的可能性。这里涉及两个不可避免的问题，即翻译的可译性问题与不可译性问题。

1. 翻译的可译性

可译性，顾名思义就是可以翻译的程度。这是从表面而言的解释。如果从本质而言，可译性主要指的是一种语言中所涉及的思想、信息、主旨、内涵等是否能转换成另一种语言，或转换为另一种语言的可能性。很多译者都对"可译性"这一概念理解错了，都将"可译性"理解成了两种语言之间能否转换。

关于翻译中的"可译性"问题，从翻译诞生一直到现在都有很多的研究者对其进行研究。不同的国家和民族，其在文化背景、风土人情、地理位置、价值观念、行为方式等方面存在着很大的差异。尽管如此，他们用语言表达思想、情感的理念是相通的。换言之，实际上，即使各民族在诸多方面存在着差异，但从本质上说，语言始终都是统一的。

另外，需要指出的是，正是由于语言是统一的，才使得不同的语言具有"可译性"。语言除了是统一的，它还具有特殊性。也正是由于语言的特殊性，在很大程度上限制了可译性的范围。因此，研究翻译的可译性问题，应该明确语言的统一性和特殊性。

2. 翻译的不可译性

翻译的限度，不仅包括可译性问题，还包括不可译性问题。语言与文化并不是孤立存在的，而是相辅相成的。文化不能脱离语言而单独存在。很多学者对不可译性进行了论述。例如，翻译并不都是可能的，它也存在着不可能性，这种不可能其实强调的就是翻译的不可译性问题。

不同的国家、不同的民族有着不同的语言和文化。由于不同国家之间在风土人情、文化背景、生活方式、处事方式、行为方式等方面存在着很大的差异，所以世界各国间的语言和文化也存在着很大的差异。随着经济全球化的发展，世界各国的交流和合作日益频繁。这些语言、文化间巨大的差异，在很大程度上影响着世界各国间的交流和合作。

翻译是语言与文化转换的桥梁，要想实现世界各国之间的有效交流和合作，必须依赖于翻译这一中介。由于世界各国间在语言和文化方面存在着巨大的差异，所以翻译也面临着原文文化差异与译文文化差异的问题。这种原文与译文之间的文化差异越大，翻译所面临的困难也就越大。正是因为翻译在实践中面临着诸多的困难，翻译的不可译性问题也日益凸显，成为当前翻译研究的重点。

3. 翻译的可译与不可译维度

语言具有工具性、思想本体性和文学性。从这一角度而言，翻译也有与之相对应的三个维度。翻译这三个维度的分类依据不是抽象的文本类型。文本的种类有很多，并不是所有的文本都可以知道与之相对应的分类，有很多的文本无法找到相应的类型，所以，翻译的限度不是由某一文本类型所决定的。正是因为如此，翻译中出现了可译性和不可译性的问题。翻译的维度如果从语言的角度来进行分析，就会找到不同的文本研究方式。通常情况下，语言的三个维度如果按照可译度的高低进行排列，可以将其排列成：工具性语言—思想性语言—文学类语言。需要指出的是，文学类语言绝大多数都是不可译的。

（五）翻译的标准

自从有了翻译实践活动以来，翻译的标准一直是翻译界探讨和争论的一个问题。在译学界，最为著名的、影响深远的翻译标准是"信、达、雅"三字标准。"信"是指译文要忠实于原文;"达"是指译文要符合译入语的表达习惯;"雅"是指译文应读起来非常优美,要能够传达原文的神韵。评价翻译基本原则为:译作应该完全再现原作的思想内容;译作的写作风格和表达方式应该和原作保持一致;译作应该和原作一样读来自然、顺畅;等等。

1. 奈达的"读者反应"标准

尤金·A. 奈达(Eugene A. Nida)是一个对翻译有独到见解的人。他认为判断翻译好坏的重要标准应该是读者的反应。有些读者会自己阅读原文和译文,给出翻译的评价。他们的反应是翻译是否正确的重要依据。读者能否从两个版本的文章中得到一样的思想是评判翻译是否合格的重要标准。他认为翻译出来的文章,至少让读者能够理解文中的思想,这是翻译的基本要求。他认为其他因素并不是很重要,重要的是翻译出来的文章能够让读者产生怎样的感觉。

奈达主张提供不同版本的翻译文章,让读者来判断哪一篇文章更好。因为读者考虑的不是部分的理解,而是对全文的整体把握和判断。总而言之,就是让读者在读翻译文章和原文的时候能够得到一样的体验,这在后来成为翻译的标准中很重要的一项。这项标准的制定也成为翻译史上的里程碑。但是,在翻译实践中,受译者能力及其他条件的限制,这一主张很难做到。

2. "等值论"和"等效论"标准

从 20 世纪末开始,国外的一些权威的翻译代表机构,整理和提出了很多关于翻译的理论标准。其中,一种是"等值论"(equivalentvalue),其影响力较大。它的代表人物有卡特福德(Catford)等著名学者。这种方法要求翻译的文章和原来的文章在对作者思想的阐述和语言的格式上均能够相对应,认为翻译应该尽可能地还原原文。"等值论"首先要做到原文和译文达到的效果一样;其次是作者采用的语言文字的描述方式一样。具体内容卡特福德写在了自己的《翻译的语言学理论》中。另外一种是"等效论",其强调翻译出来的文章和原文不一定要高度相等,而应该有一些属于自己的变通,最终的目的是能够对读者产生同样的影响效果。这种理论在中国也具有一定影响力。它关注的是翻译出来的文章在读者阅读的时候是否能够让读者产生一样的想法,而对于内容上是否相等并不看重。

以上两种方法是主流的翻译方法。对于这两种方法，有一部分学者觉得难以实现，他们认为语言和语言之间会有一部分不能够进行翻译的内容。不管是等值论还是等效论，均是一种理论方法，在翻译的实际过程中基本不可能实现。

3."忠实"与"通顺"标准

目前，多数学者认为翻译的基本标准可以概括为"忠实"（faithfulness）和"通顺"（smoothness）。

（1）忠实标准。翻译界所说的忠实，是要求翻译出来的文章，在内容上应该准确。在涉及一些时代背景和民族的风格以及语言文字的风格时，翻译文章一定要忠于原文，要让读者能够在两种文章中得到相近的信息。

第一，完全忠实。所谓完全忠实，是要把原文中所要表达的内容完全表达出来，对于原文中对事件的叙述和描写以及世界的说明和思想的表达等应该根据原文完全翻译出来。同时对于原文章的风格和作者的习惯等，要完完整整地保留下来，不能有任何的增加或删减，甚至书面语和口语也不可以相互转换，要尽可能地保持原本的样子。

第二，对等忠实。"对等忠实"主要是从应用或者功能上来说的，主要体现在功能上的忠实以及文体上的忠实，即相对地忠于原文，能够把原文所表达的一些功能性的东西完美地复制下来，而对于原文的内容，翻译的人可以根据自身的语言习惯进行一些改动，只要能够保持作者的思想风格一致即可。翻译的人可以从语言上进行调整，充分发挥语言的功能。这种忠于原文的方式是忠于原文的精神，而不是忠于原文的表现形式。翻译的人应该通过语言的功能的相同性，将有相同功能的自己的语言替换掉原来的语言，通过这种方式对原文进行一定的阐述。

（2）通顺标准。通顺是指译文语言必须通顺易懂，符合规范，符合汉语表达习惯，使用明白流畅的现代语言，没有逐字死译、硬译的现象，没有文理不通、结构混乱和逻辑不清的现象。当然，如果原作者匠心独运有意运用不规范的语言或作品带有明显的时代特色和地方特色，为了忠实于原文，则不宜改为通顺流畅的译文语言。

总而言之，一致认可的翻译基本标准就是忠实和通顺。忠实指忠实于原作的思想内容。译者必须把原作的内容用不同文化背景下的另一种语言，完整而准确地再现出来，不能任意增删。内容通常指作品中所叙述的事实、描写的景物，以及作品字里行间所表达的观点和情感。忠实还包括忠实于原作的风格，即原作的民族风格、时代风格、语体风格，以及作者个人的语言风格等。通顺是指译文语言必须通顺易懂，符合语法规范。

（六）翻译的分类

翻译常被划分为各种类别，以便更加科学地探讨各类翻译的特点和技巧，衡量其翻译价值。常见的翻译分类方法如下：

第一，按照所涉及的语言类别来划分，翻译活动分为在同一国家的不同民族或不同区域的语言之间进行的翻译和在不同国家的不同语言之间进行的翻译（如汉译英或英译汉）。在不同国家的不同语言之间进行的翻译在翻译活动中居于主导地位。

第二，按照语言表达的形式，翻译一般分为口译和笔译。口译包括陪同翻译、即席口译、同声传译等形式，它们的难度和对翻译质量的要求依次递增。陪同翻译是指翻译人员陪同外国人参观、访问或游览某个地方，并负责翻译在这期间出现的外译中或中译外的问题；即席口译是指在某些涉外的谈判、会议、会见、演讲的过程中，翻译人员把在场的所有人员或某个领导人、演讲者的讲话内容现场翻译出来；同声传译是指在大型的国际性会议中，翻译人员把发言者的讲话内容直接、同时翻译成各种外文，并通过专用的设备直接传输到来自相应国家的会议代表的耳中。其中，同声传译对译者的要求最高。即便是政治觉悟高、外文水平很高的人也必须接受一段时间的严格训练才能胜任同声传译工作。

第三，按照翻译文章的体裁来划分，包括文学翻译、新闻翻译、经贸翻译、旅游翻译、科技翻译，以及法律文书、出国留学及求职申请等实用翻译。各类翻译有其各自的特殊要求，如文学翻译要求准确传达出原作的思想感情和写作风格；新闻翻译要求准确翻译新闻事实，掌握社会经济生活等方方面面的惯用表达和记者创造的新词汇，汉语译文不宜太俗或太雅；经贸、旅游和科技翻译的共同要求是专业词汇翻译一定要准确、地道；法律文书、出国留学及求职申请的翻译应符合一定的格式要求，要求用语规范、观点明确。

第四，按照翻译文化姿态来划分，包括归化翻译和异化翻译，体现了译者在传递信息时的不同取向。归化翻译追求在译入语文化中融入适宜的成分，使译者能够立即理解，实现意译的目标。与之相对，异化翻译则坚持直接按照原语文化语境的适宜性翻译，力求直译的忠实。这两种翻译文化姿态体现了译者对于语境理解和信息传递方式的不同看法，为翻译工作者提供了灵活的操作选择。

第五，按照语言形式与意义的关系，分为语义翻译和交际翻译。语义翻译在译入语的语义和句法结构允许的条件下，追求尽可能准确再现原作上下文的意义。这种翻译注重对原文内涵的还原，强调语言的精准度。而交际翻译则更注重追求译文读者产生的效果等同于原作对原文读者的效果，注重沟通效果的保持。这两种翻译方法之间的差异体现了翻译的多重目标，既有对语言形式的关注，也有对意义传递的追求。

第六，按照比较与观察的角度，分为文学翻译和语言学翻译。文学翻译致力于寻求译文与原文之间文学功能的对等，强调译文美感而不重视语言结构的比较。这种角度强调了翻译作为文学创作的一种形式，注重作品的文学价值。相对应的，语言学翻译追求两者之间的系统转换规律，通过翻译实践促进语言学的发展。这两个角度提供了在翻译过程中不同层次的思考方式，为翻译研究提供了丰富的视角。

另外，从其他分类方式来看，工具性翻译和文献性翻译、直译和意译、翻译媒介以及通信方法都为翻译提供了不同的切入点。工具性翻译和文献性翻译从翻译作品在译入语文化中所预期的作用出发，划定了翻译的功能范围。直译和意译则根据翻译目的与原语在语言形式上的关系进行分类，强调对翻译目标的重视。翻译媒介和通信方法涵盖了多种翻译形式，包括口译、笔译、视译、同声传译、机器翻译和人机协作翻译等，为翻译实践提供了多元化的选择。

无论何种形式的翻译，都需要译者有灵活驾驭两种语言的高超能力，并且要运用共同的基本翻译技巧。此外，随着科学技术的发展，还出现了机器翻译这一新的翻译方式。不过，机器翻译还处在起步阶段，翻译出来的句子不通顺、可读性不强，因此，仍有待进一步研究和发展。

（七）翻译系统理论

对于其他行业或教学而言，翻译不管是内在理论还是外在实践都有其独特的个性。这就要求在了解翻译之前，要先对翻译的相关系统理论有一定程度的了解。下面重点探讨翻译系统理论中的多元系统论。

1. 翻译是一个运作系统

多元系统是一个由多种类、多层次的系统集合构成的整体。这些系统之间存在着相互作用，这种相互作用导致了整个系统的不断动态演变。在多元系统中，层次是一个关键概念，指的是多元系统在不同历史阶段的定位和相互作用。最高层面的变化会影响到最低层面，这可能引发创新与保守系统之间的竞争。这种竞争体现了多元系统内在的动态平衡和变革的不确定性。

在多元系统中，翻译文学扮演着至关重要的角色，其地位在整个动态演变过程中显得尤为重要。翻译文学可能占据主导地位，也可能处于次要地位，这取决于多元系统的演变轨迹。如果翻译文学处于主导地位，就能积极参与塑造多元系统的中心。真是这样的话，翻译文学就很可能富有革新精神，并与文学史上发生的主要事件紧密相连。

2. 翻译文学占主要地位

人们通常认为，最重要的翻译作品往往出自杰出的作家之手，同时，翻译作品在引入新诗法、新技法等方面，对于目标文化中新模式的形成起主要作用。以下例子可以说明翻译文学占据主要地位的情形：

（1）年轻文学初始阶段，通常表现为模仿成熟文学的现成模式，以便学习和吸取经验。这一阶段的作家往往寻找灵感，通过模仿已成功的文学风格和结构，追求更深层次的理解。这种模仿不仅是对前辈作品的致敬，也是一种成长过程中的必然步骤，为后来的创作打下基础。

（2）边缘或弱势文学作品往往在文学形式方面存在不足，为了填补这一缺失，它们通常会引入翻译文学。这一策略不仅有助于拓宽表达方式，还在多个层面上产生积极效果。引入外来文学元素，能够丰富这些作品自身的语言和表达方式，同时也为读者提供更广泛的文学体验。

（3）在国家文学发展中，重要的转折点常常出现在公认文学形式无法满足需求或文学出现真空的情况下。在这些时刻，外来文学往往容易占据主导地位，填补文学领域的空白。这种现象反映了文学的动态性和开放性，以及在不同历史时期，文学创作和接受的变迁。这样的转变既是一种挑战，也是文学发展中的机遇，为文学界带来了新的活力和多样性。

如果翻译文学处于次要地位，那么它就代表了多元系统中的一个边缘系统，对处于主导地位的系统无法发挥重要作用，甚至会成为一个保守的因素，保留传统的形式，与目标系统的文学规范保持一致。翻译文学处于次要地位是"正常的"情形。当然，翻译文学本身也是分层次的。某些翻译文学可能处于次要地位，但一些译自主流来源的文学作品则可能是第一位的。

翻译策略的选择与翻译文学在多元系统中的地位密切相关。处在主导地位时，译者可能更加开放和灵活，选择更为大胆的翻译策略，以在多元系统的动态演变中保持文学的活力。而在次要地位时，译者可能更趋向于保守，采用更为稳妥的翻译策略，以确保在多元系统中的相对稳定性。

（八）翻译影响因素

1. 语境因素

语境即言语环境，既包括语言因素，也包括非语言因素。上下文、时间、空间、情景等与词语使用有关的都是语境因素。经常谈论的语境包括：词义语境、句子语境、段落篇章语境、情景语境。同样的文字，在不同的语境中意思会千差万别。

（1）词义语境。英语当中一词多义的现象很普遍，脱离语句及语境则很难确定这些词的词义。在具体的句子中，需要依据上下文确定多义词的具体意义，排除同形异义词的干扰，挖掘该词在特定的上下文中的内涵意义、社会意义。在实际翻译中，词义语境对于确定一个多义词的具体词义有着重要的作用。

语境一词最早用来指某一特定词与其前后的内容，即词、短语、语段的前后关系。左右相邻的词对词义的影响是最常见的一种现象,它决定词的意义及翻译选词。如英语中的"green"是个常用词,翻译时就要注意它与左右相邻词的搭配,否则就容易搞错。例如:a green Christmas(温暖无雪的圣诞节),a girl green from school(刚出校门的女孩),a green old age(精力旺盛,老当益壮),be green with envy(十分嫉妒),in the green tree(处于佳境),keep the memory green(永记不忘)等。如果翻译时不考虑该词与左右相邻词的关联,所译出的句子就会使读者不知所云。可见,词作为语言中可以自由运用的最小单位,在脱离了具体语境的情况下,其词义是非限制性的,只有受具体语境约束的词义才是限制性的。语境不同则词义不同,词义不同则译文不同。

(2)句子语境。翻译离不开词典。但是,翻译又必须离开词典,因为从根本上说,词典的篇幅是有限的,它不可能将词的语境意义全部收入其中。在实际翻译中,译员需经常从句子的语境来推出词语的含义。例如:It is impossible for such a small company to gain on the big firms while business is so inactive. 句中"gain on"的语义取决于与其搭配的词语。"gain on"有"(海)侵蚀(陆地);跑得快;(在生意方面)胜过(对手)"等意思。根据"gain on"与"a small company"和"the big firms"的连用可确定其语义,本句可译为:商业如此不景气,小公司竞争不过大公司。

总体而言,不同语言之间的词汇,应该是基本对等的。然而,说到具体的词,如果是脱离上下文的孤立的词,两种语言之间却又很少有对等的关系。例如,都知道 hand 是手的意思。但是在一些句子中,英文的 hand 不可简单地用汉字"手"来表述。

例1:I had a hand in drafting the contract.

译文:我参与了合同的起草。

例2:We need five more hands.

译文:我们还需要五个人手。

例3:My watch has only two hands.

译文:我的表只有两根指针。

由此可见，离开了具体的句子语境，仅知道 hand 就是手，手即是 hand，是很难理解上述各句意思的。

（3）段落篇章语境。在翻译过程中，有时从一个句子中很难确定一个词的确切含义，往往需要从整个段落或整篇文章中获取其含义。一个词的词义随其所在上下文而变化，同一个词用在不同的地方会有不同的意思。段落篇章通常是一个有机整体，语言连贯，语句关联，实际上就是一个语境，翻译的时候必须在语境中理解并把握全文。

例如：After making a short test flight at 4：15 am, Bleriot set off half an hour later. His great flight lasted thirty seven minutes. When he landed near Dover, the first person to greet him was a local policeman.

译文：布莱里奥在上午 4 时 15 分做了一次简短的试飞，半小时后就启程飞行。布莱里奥这次具有伟大意义的飞行持续了 37 分钟。他在多佛附近降落时，第一位前来迎接他的是当地的一名警察。

在上例中，如果脱离上下文，孤立地仅就 When he landed near Dover, the first person to greet him was a local policeman 这一个单句来看，land 有两种完全不同的含义，既可译为"登陆、上岸"，也可译为"着陆、降落"。但由于前文的制约关系，land 一词在这里显然是指"降落"。因此，必须要严格依照上下文，在段落篇章语境中进行翻译。

（4）情景语境。情景语境指说话、语言、言语事件的时间地点。所有的社会活动都是在一定的时间和空间中进行的。语言这个社会活动也不例外，每一话语行为都是在特定的时间和空间进行的。一个词的词义和话语意义常常不仅仅是由其语言因素来确定，还是由词汇和话语所出现的情景来确定的。即确定其词义和句意依赖于情景、语境。例如，在 We looked for a long time before we found a spring 一句中，"spring"在不同的情境中就有不同的意思。在安装弹簧床时，指的是弹簧；在修表时，指的是发条。如果几位旅行者在沙漠中终于找到一点儿水喝时说了这句话，其"spring"所指的内容与前两种又不同。

任何语言活动都不可能脱离具体的语言环境，语境分析还包括对话语发生的整个情况进行分析，对语篇情境、篇章的语用接应关系、作者的意向及言语活动的参与者等因素进行探讨。传统语言学认为，单词一旦进入句子，其多义情况或模糊不定的情况就会消失，而翻译实践证明并非如此。篇章语言学的出现推动了翻译理论的发展，使翻译研究走出句子，进入篇章。篇章语义学认为，歧义现象只有在进入篇章后才会消失。

因此，在翻译的过程中，有时为判明某个单词或语义单位的确切含义，需要对整个段落或篇章进行分析研究。语言活动发生的时间、地点，交际活动的主题内容，参与者的相互关系等情景语境因素决定话语的真正意义。

2. 文化因素

文化是指人类作用于自然界和社会的成果的总和，包括一切物质财富和精神财富。影响翻译的文化因素主要包括以下方面：

（1）历史文化差异。由于每个国家的历史起源和发展不同，在其漫长的历史长河中所沉淀的历史文化各不相同。在两种语言之间进行翻译时，会经常遇到由于历史文化的差异而出现的翻译难题。历史文化差异主要体现为习语中的谚语和典故。因此要译好这些历史谚语和典故，必须要注意两种文化之间的差异，采取适当的方法，否则就会让读者感到疑惑。例如，英国主要以马耕为主，英国人对马有着深厚的情感，因此在英美人的价值观里马是勤劳和吃苦耐劳的象征。英语中就有"as strong as a horse"的说法。而中华民族自古以牛耕为主，对牛赞誉有加，因为牛秉性勤劳忠厚。所以，英语的谚语"as strong as a horse"按照中华民族的历史文化观念译为"力大如牛"才精准。

（2）人文差异。中西方在风俗习惯、礼仪、思维方式等人文方面的差异，导致许多词语在中西两种文化中有着不同的文化内涵。对这些词语表达的文化含义缺乏理解，会造成交际和翻译中的失误。西方人的思维注重个体、独特，而东方人注重整体、综合、概括思维。表现在语言上，英语偏好用词具体细腻，而汉语用词概括模糊。例如"说"一词，英语有 say, speak, tell 等，这些词使语言简洁准确，又富于变化，形象生动。而汉语往往趋向于泛指，在"说"前加副词等修饰语，如语无伦次地说、低声地说等。

在人文差异方面，许多表示颜色的词无疑是差异最明显的。在进行英汉翻译时,必须引起足够的重视。不同民族的审美观念也存在较大的差异,如翻译的过程中不注意,就会造成事与愿违的结果。

(3)地域文化差异。地域文化指的是由所处地域、自然条件和环境所形成的文化。由于各民族所处地理位置、自然条件和生态环境等不同,就形成了不同的地域文化。而每种文化又因其地域、气候、环境的不同而具有不同的特征。这不仅影响着各民族语言的表达方式,也直接影响着人们对同一事物不同的理解、语义联想和情感,这就对翻译提出了更高的要求。

李白《江上吟》中有诗句"功名富贵若长在,汉水亦应西北流",此处翻译的关键就在于如何理解"西北流"。地形特征西高东低,李白用"西北流"喻指功名富贵如过眼烟云,不可能与江河永流。这一比喻是基于中华民族的地理特征,但由于英美国家处于不同的地理位置,地形特征相异,如采用直译法,很多英美人可能并不解其真正含义,这就要求翻译"西北流"时应做适当的变通,可译成:But sooner could flow backward to is fountains. This stream, than wealth and honor can remain. 这样,译文中用 flow backward(倒流)表达了原文中"西北流"所蕴含的"不可能"之意,但不能体现原文的工整对仗及地域特征。

由于中英两国地理位置的不同,中西方冷暖也存在差异。东方人多把东风比作春风。英国的东风是从欧洲大陆北部吹来的,他们把东风描述为:a keen east wind, biting east wind, a piercing east wind. 由此可见,不同的地域文化可能会造成对同一事物有不同的理解。在进行翻译时,一定要注意地域文化对翻译的影响。

翻译工作不是一件简单的事,而做好翻译工作是一件更艰巨的任务。翻译工作者承担着帮助两个不同语言国家的个人或集体进行沟通和交流的重要任务。翻译除了会受到语境、文化影响外,还会受到其他次要方面的影响,如社会政策、地域环境、思维方式等。所以,每一名翻译工作者都应该不断提高自身的专业水平,并且在实际翻译工作中时刻注意影响翻译的各方面因素,使自己的每一次翻译工作都能尽量完美,从而更好地促进不同国家之间个人或集体的沟通和交流。

（九）翻译的形式

翻译的过程从逻辑上可以分为两个阶段。首先，必须从源语言中译码含义，然后把信息重新编码成目标语言。这两步都要求对语言语义学的知识以及对语言使用者文化有所了解。除了要保留原有的含义外，一个好的翻译，对于目标语言的使用者来说，要能像母语使用者那般说或写得流畅，并要符合译入语的习惯（除非是在特殊情况下，演说者并不打算像一个本语言使用者那样说话，如在戏剧中）。

翻译的形式有口译、笔译、机器翻译、同声传译、影视译配、网站汉化、图书翻译等，随着通信技术的发展和成熟，又诞生了真人服务的电话翻译，所以形式越来越多，服务也越来越便捷。从翻译的物质形态来说，它表现为各类符号系统的选择组合。具体可分为以下四类：

第一，有声语言符号，即自然语言的口头语言，其表现形式为电话通信、内外谈判和接待外宾等。

第二，无声语言符号，包括文字符号和图像符号，其表现形式为谈判决议、社交书信、电文、通信及各种文学作品等印刷品。

第三，有声非语言符号，即传播过程中所谓有声而不分音节的"类语言"符号。其常见方式为：说话时的特殊重读、语调变化、笑声和掌声，这类符号无具体的音节可分，语义也不是固定不变的，其信息是在一定的语言环境中传播的，比如笑声可能承载着正信息，也可能承载着负信息，又如掌声可以传播欢迎、赞成、高兴等信息，也可以传递一种礼貌的否定等。

第四，无声非语言符号，即各种人体语言符号，表现为人的动作、表情和服饰等无声伴随语言符号，这类符号具有鲜明的民族文化性，比如人的有些动作在不同的民族文化中所表示的语义信息完全不同。不仅如此，无声非语言符号还能强化有声语言的传播效果，如在交谈时，如果伴有适当的人体语言，会明显增强口头语言的表达效果。

以上四类符号既可以表达翻译的原码，也可以表达翻译出的译码。它们即可以单独作为原码或译码的物质载体，也可以由两种、三种、四种共同组成译码或原码的载体。

从翻译运作的程序上看，实际包括理解、转换、表达三个环节，理解是分析原码，准确地掌握原码所表达的信息；转换是运用多种方法，如口译或笔译的形式，各类符号系统的选择、组合、引申、浓缩等翻译技巧的运用等，将原码所表达的信息转换成译码中的等值信息；表达是用一种新的语言系统进行准确表达。

综上所述，翻译实际上是一种特殊形式的信息传播。整个翻译活动表现为一种社会信息的传递，表现为传播者、传播渠道、受者之间的一系列互动关系。与普通传播过程不同的是，翻译是在两种文化之间进行的，操纵者所选择的符号不再是原来的符号系统，而是产生了文化换码，但其原理却是与普通传播相同的。

（十）翻译的过程

翻译的过程就是译者理解原文，并把这种理解恰当地传递给读者的过程。了解翻译过程，可以帮助译者有步骤地、科学地进行翻译工作。按照正确的步骤来进行翻译，对培养翻译能力和提高译文质量都有很大好处。基本翻译过程为：分析原文，将原语转换成译语，重新调整译文，邀请有代表性的读者检验译文。

分析原文就是细致处理词位的所指意义和联想意义，研究句法和语篇结构。理解和领会原文是从事翻译的基本功力。翻译中大多数的失误都是因为没有把握好这一关。如果译者确实理解了原文的含义，又能得心应手地驾驭译语，那么翻译就是一个很自然的驾轻就熟的过程。

翻译的过程涉及从用原语思维到用译语思维的转换，这正是翻译中最关键的一步，这时原文的内容也就一步到位。转换的明晰程度越高越好。结构重组就是组织译文中的词汇特征、句法特征和语篇特征，从而使所针对的读者能够最大限度地理解和领会译文。对于一位优秀的译者来说，整个过程几乎是自动进行的，就像人们使用母语讲话一样。

虽然检验译文与分析、转换和重组这三个基本过程可以分开来讨论，但是这三个过程是下意识地同步进行的。水平高的译者不用去考虑怎样把主动变为被动，把名词化的动词变为从句；或者在提到某一个人的时候，也要去考虑是否需要把名词变成人称代词。如果译者对如何重组译文而感到为难的话，那他们大概是在还没有具备运用译语的必要能力之前就开始从事翻译工作了。

尽管检验译文与分析、转换和重组这三个过程有所不同，但就迅速发现译文中存在的问题而言，这是一个十分重要的环节。过去译文的检验大都是指定一名懂得原语和译语的人来进行原文和译文的比较，测定原文与译文的对应程度。这个方法的问题是，这位懂得双语的鉴定人可能已经熟悉文本和内容的类型，用不着花太多精力就能理解译文。对译文进行正确的评估，只能是通过只懂译语的读者代表的反应来检测。

有效的检测方法包括四种：第一，邀请几位读者代表朗读译文；第二，仔细分析朗读者的面部表情；第三，请听过译文朗读的人向没有听过译文朗读的人讲述内容；第四，填空检测法。其中，最有效的检测方式之一是请几位水平高的人来朗读译文，译者一边看着稿子，一边标记朗读时打磕巴、误读、用错词替换、重复以及语调把握不定的地方。如果两个或几个水平相当的人都卡在同一个地方，那么这些地方就明显有问题。造成朗读不畅的问题包括：高层次的词汇、句法不顺，缺乏过渡词，并列的词汇中辅音群发音浊重，没有表示疑问、命令、讽刺、反语和省略的标记词等。虽然这种检测方法并不能告诉译者应该怎么去修改译文，但能够指出译文中需要修改的地方。

当不同的人朗读译文时，译者要仔细观察他们的面部表情，特别是他们的眼神，这样做是很有好处的，因为表情和眼神可以反映出他们对译文内容和形式的理解和领会程度。细心而又善解人意的观察者很快就能发现，朗读者是读懂了译文还是对内容不知所云；对译文的内容感兴趣还是觉得枯燥无味；读来饶有兴致还是认为译文的确太难而无法诵读。

对译文内容的检验，最好是请一个人朗读或默读译文，然后让他向其他人讲述内容。如果有两个或几个人在理解上犯了相同的错误，那么译文显然就需要修改。当然，如果原文本身有意要含混模糊，则可另当别论。

填空检测法也是测定译文可读性程度的有效方法。这个方法是每四个词后面空一处，再请人根据上下文要求填入恰当的词。在至少 50 个空里能够填对多少词语有效地显示了转换概率的范围，也就测定了译文的可读性和可理解的程度。这个方法也可以变通一下，即每九个词后面空一处，再请人朗读译文，然后计算朗读者填错的地方，并提出修改意见。

与以上这些邀请读者代表参与译文检测的方法相比较，听取有经验的翻译或编辑的内行意见或许要更好些。有经验的翻译或编辑知道语际交流的基本原则，懂得使用文字的艺术。

二、翻译的发展机制

机制作为思维发展运动的基本环节和作用过程，在抽象思维的核心中扮演着至关重要的角色。这一核心机制的本质表现为对信息的分析和综合。分析和综合的相互作用使比较、抽象和概括等高级思维过程得以产生。在翻译思维中，同样遵循解码和换码的过程，其中分析与综合的应用至关重要。通过深入剖析原文，翻译者能够更准确地理解信息的内涵，然后进行合成，从而呈现出贴切而富有表达力的译文。具体表现在以下领域：

（一）词语形态分析

在翻译领域中，词语形态分析被认为是首要工作，尤其是在处理屈折语时。对于翻译者而言，根据语法概念和类属标志进行词类形态的深入分析是至关重要的，这有助于更好地理解语义结构。以英汉翻译为例，通过对形态的仔细分析，译者能够准确还原原文句子的语义，确保传递的信息不失真。

尽管汉语并非屈折语，却具有一些形态助词，如"着""了""过"表示时态，"的"表示形容词，"地"构成副词。这些助词的运用为表达准确的语境和情感提供了重要的工具。值得一提的是，汉字具有"因形见义"的特点，例如"她"为阴性，"他"为阳性，使词性在表达中一目了然，为翻译者提供了直观的参考。

在整体语法结构方面，相对而言汉语的语法形态功能相对较弱，主要依赖语序和虚词来表达句法关系。这为翻译者增加了困难，因为在翻译过程中需要更加注重语序的合理调整，以确保目标语言中句子结构的自然流畅。因此，词语形态分析在翻译思维中扮演着解码—换码的关键角色，为翻译者提供了深入理解和精准转换的支持。

(二) 语法层次分析

在语言翻译过程中，词类形态分析既具有重要性又存在一定的局限性。词类形态分析对于理解和翻译句子起着关键作用。然而，其局限性在于译者经常遇到具有相同形态但不同语义的词类，这要求他们不仅仅运用形态学知识，还需深入进行语法层次的结构分析。

在语法层次分析的任务中，包括词项层和句法层两个关键方面。一方面，在词项层，译者需要分析词项的形态、类属、性质，以及词项之间的关系。这种分析有助于理解单词的多义性和上下文的复杂性，从而更准确地捕捉原文的语义。另一方面，在句法层，译者需要分析句子中各成分之间的关系，以及句子与句子之间的联系。这涉及对句法结构和语法规则的深入理解，有助于确保翻译的准确性和流畅性。

与英语比较，汉语的结构形式呈弱势。因此，依仗形态（形式）对原语词项层和句法层的分析综合，不能舍弃"句法—语义—语用"三维视角，只抓住语法这一维很难定夺。汉语的主语多半是"话题"，与谓语动词没有形态联系（如英语的 concord 以及时态、语态等），句中词项的句法功能和关系必须按三维视角作总体考虑。例如，"万里走双骑"一句中，"万里"是一个话题，"走"是谓语动词，"双骑"是宾语。如果只作这种句法形式分析，问题不仅没有解决，而且会使分析者更加迷茫，显而易见"万里"不能自己"走"，而"走"是没有宾语的。由此可见，译者不能忽视词项的语义—逻辑分析："万里"显然是人以"双骑"的方式"走"的距离，"走"的行为者仍然是人。

在汉语语用习俗中，人是行为主体，可以隐含，所谓"尽在不言中"。说话的人和他的"受话者"感兴趣的是"万里"（主题信息），句中其他成分都是对"万里"这个话题的陈述，叫作"述题"（comment 或 rheme）。由此可见，翻译过程中不能脱离分析与综合。

总而言之，翻译思维中的分析与综合是密不可分的。捋出语法层次、构筑语法结构及捋出语义系统、构筑语义结构的过程，也就是从分析到综合的过程。

(三) 文体修辞分析

文体修辞分析的基础构建在语域之上，即词语使用的范畴。这一范畴涵盖了正式与非正式语体的不同等级，以及狭义上的职业（或行业）领域。在高级阶段的翻译实践中，译者需深刻考虑词语的使用域，确保翻译文本在语言表达上符合原文的特点。文体适应性成为确保翻译文本与语境和交际目的相适应的关键标准。通过比较原作语言的文体特色，译者能够获得深入的文体分析结果，进而确保翻译的可读性和符合原文意图。常用的比较法是译者向自己提出反诘，以显现原作语言的文体色彩。

对原作语言的修辞分析也可以用比较法。易词换句，在对比中究其底蕴。换言之，如果韵味、风味顿失，即可显现作者的修辞立意。当然，修辞格要先有一个辨析问题，如果不能识别就谈不上分析了。

(四) 词义色彩分析

词义色彩分析是翻译思维的基础，涉及词义和色彩两个方面。在词义分析中，语音分析、构词分析和词源分析是关键步骤。语音分析关注发音，构词分析关注词的构造方式，而词源分析则关注词语的起源。这三个方面的分析有助于理解词的基本含义和用法。

处理多义词时，译者需要借助词的关系系统，如联立关系和大背景呼应关系。这种方法使译者能够在具体语境中准确判断多义词的含义，以确保翻译的精准性和一致性。

含蓄义分析涉及更多的色彩，包括褒贬语气和感情因素。这种分析源于词的关系系统，对翻译思维的第二阶段具有决定性意义。在这一阶段中，译者需要考虑文本的隐含含义，包括作者的态度和情感色彩。准确把握含蓄义对于传达文本的真实含义至关重要。

(五) 文化历史分析

在翻译中，文化历史的角度常常被忽视，这是因为译者容易受制于语言的表层信息，从而难以深入挖掘深层内涵。忽视文化历史的差异可能导致对原作的分析判断出现严重错误。举例而言,"自由主义"在汉语和英语中的含义差异明显,若无对文化历史的敏感分析,就容易产生误解。同样,诸如汉语成语"春雨贵如油"之类的表达,必须置于特定的文化历史背景下理解,否则可能引发西方人的误解。因此,在翻译的过程中对原作语言的文化历史进行全面而深入的分析至关重要。

语际转换中的文化历史分析不应忽略以下方面的问题,并应注意这些问题对语义调节所起的作用:

第一,民族文化传统与历史背景在语言中映射着深远的演变。词语语义的发展与历史时期特定词义的包容展现了民族文化的多层面历史。词汇作为民族文化历史沉积和新生的媒介,承载着丰富而深刻的历史沿革,反映着民族群体在时间长河中的变迁和积淀。这种语言演变的过程既是文化传承的见证,也是新思潮嬗变的载体,将民族文化的脉络延续至今。

第二,民族心理与意识过程通过相同文化和历史参照系形成了"集团性心理趋势",形塑了共同的精神气质、心理素质、价值观、伦理道德观以及审美情趣等特征。这些共同特征不仅在民族心理中深刻根植,而且在语言中得以显现。语言成了一种精神的反映,通过词汇和表达方式,文化历史承载着集体认知和情感的集合,形塑着民族群体的独特心理特质。

第三,民族地域性特征与自然条件在塑造文化传统、历史背景和心理过程中发挥着共同作用。地域性特征和自然条件成了独特风俗、习惯、信仰和观念形态的源泉。这些地域文化的独特性在语言中得以体现,成为语言表达的一个独特维度。因此,民族地域性特征和自然条件不仅在文化传统中留下深刻印记,也在语言形式中呈现出多样而独特的表达方式。

第四,民族文化传统、发展沿革与历史背景,民族心理与意识过程,民族地域性特征与自然条件等三种因素作用于思维方式、思维特征和思维风格,这就必然会反映在汉语的语言结构形式及总体风貌上。例如,汉语在思维上重意会、重具象,在表达上重动静结合、虚实结合。

翻译思维中的分析与综合是一种相互渗透、相辅相成的整体体系。在这一体系中,词语形态分析、语法层次分析、文体修辞分析、词义色彩分析以及文化历史分析相互交织,形成翻译思维的统一运动形式。分析与综合是翻译思维的深化过程,是对原作语言理解逐步加深的体现。特别是在比较的层面上,无论是同一语言内的形式比较还是双语比较,都具有重要的意义。

第二节 翻译的特征与阶段

一、翻译的特征

(一)创造性特征

在强调翻译的创造性重要性时,人们应摒弃将其仅视为机械语言转换或模仿的观念。相反,翻译是一个具有创造性的过程,涉及思想、社会和文化等多个层面。传统翻译观忽略了这种创造性,而具有创造性的翻译则建立在思想解放的基础上,并通过社会交流的活动进行拓展。从社会角度来看,社会活动基于交流,而交流有助于思想的拓展,从而为创造奠定基础。翻译在社会中具有创新作用,通过导入异质因素,激活目的与文化的因子。

从文化角度来看,翻译导入异质因素,创新激活目的文化,对文化产生创造性的影响。创造性翻译的目标在于真正导入新事物、新观念和新思路,而不仅仅是简单地进行语言转换。在语言层面上,翻译是语言符号转换的创造性过程,通过导入新元素、新观念和新思路,使得翻译活动具有创造性特征。

文学翻译在这一创造性的语境下具有其特殊性,好的文学翻译并非原作的翻版,而是对原作的再生。它赋予原作新的面貌、活力和生命,使之能够适应新的文化与读者。翻译的创造性体现在"再"字之上,联结着出发语与目的语、原作与译作。这是一个既继承又创新的过程,不是凭空产生的,而是在交流、碰撞与融合中形成的。

翻译的创造价值在于其联结着出发语与目的语、原作与译作的过程。创造是继承与创新的过程,形成于交流、碰撞与融合之中。翻译精神是一种敢于打开封闭的自我,通过交流、碰撞与融合丰富自身,构成翻译的创造功能之源泉。翻译创造性的讨论不仅要在形而上的高度把握,也在形而下的层面进行分析。翻译的创造性存在于翻译活动本身,贯穿整个翻译过程。

翻译对新世界的影响是间接而广泛的。翻译打开新的世界,为人们进行新的创造起到了积极作用。通过传递思想、文化和观念,翻译在构建跨文化的桥梁上发挥着关键作用,推动了人类社会的不断发展。

(二)历史性特征

翻译,作为一项具有历史性要求的活动,需要树立其历史价值观。在人类历史的长河中,翻译一直扮演着实际贡献的角色,每次文明的进步与发展都与翻译密不可分。特别是在每次文化复兴中,翻译都扮演着不可替代的推动角色,为文化的传播与交流提供了重要的支撑。

翻译作为跨文化交际活动,具有不可避免的历史局限性。这种局限性在翻译活动中表现得尤为明显,需要认识到并理解。翻译活动不是一次性完成的过程,尤其是在涉及艺术个性强的原作时,需要代际传承与不断挖掘,以保持其真实性和丰富性。只有认识到翻译活动的历史局限性,才能树立翻译的历史价值观。清醒地认识翻译活动的历史局限性,并以发展的眼光看待这种局限性,是树立翻译的历史价值观的必经之路。同时,翻译活动要持续发展的观点也是至关重要的。我们需要认识到翻译在历史发展中不断丰富,其沟通与跨文化交流水平也在不断提高。

随着人类文明的不断发展,翻译活动的可能性将逐渐增多。因此,厘清翻译的历史价值观不仅可以通过考察人类翻译活动来理解历史的发展,还可以从历史发展中看到翻译活动的内涵和不断扩展的方向。

二、翻译的不同阶段

(一)理解阶段

正确理解是准确翻译的关键环节,也是表达的前提,它是指在阅读原文的同时,译者需要对原文表达的内容进行深入思考,这是一个认识、掌握原文内容、表达的情感以及行文风格的过程。理解，也可以被视为源语解码的过程，为使解码更加准确，译者需要了解源语的文化背景以及它的表达习惯，并在此基础上对原文进行阐释，才能全面获取原文信息，译者对原文的理解才能够更加透彻。理解不仅包含对原文信息的获取，还包括理解特定词汇在不同上下文中表达的不同含义，译者对于句法结构以及惯用的表达方式也要有深入的了解。

1. 理解原文的词汇含义

中西翻译的过程需要以词汇理解为开端，逐步扩展到对短语、句子、段落以及整个篇幅的理解。

（1）合格的译者应该从了解原文词汇开始，准确把握词汇含义是翻译的基础。由于汉语和英语在词汇含义上的差异，有时英语中的一个单词，能够表达汉语中两个词语的含义，有时同一个汉语词语，由于其含义的不同，需要根据不同情况翻译成不同的英语单词。因此，在翻译过程中，应该结合词汇的具体含义进行翻译，切忌望文生义。

（2）在理解表层含义的基础上，译者要充分结合上下文语境，了解词语的深层含义。对原文的理解，不应仅局限于字面意思，还要深入挖掘字里行间隐藏的含义，同时需要以合适的方式进行表达。在翻译过程中，译者应该充分把握语篇的语境。语境对于理解语篇含义的作用体现在五个方面：①使含义单一化；②给词语赋予修辞意义；③有助于含义具体化；④使词语、短语或句子具有临时含义；⑤给词语赋予社会文化含义。

2. 理解原文的语法结构

在进行汉英互译时，译者不仅要了解两种语言的语篇含义，还应该掌握英语和汉语语法的差异，以提高译文的质量以及译者的翻译水平。

（1）掌握汉英两种语言的句法结构，明晰二者在结构方面的区别。英语句子的构成一般采用"形合法"，其主要特点在于三个方面：①结构紧凑严密；②重视结构的稳定；③句子形式多样，但都是由主语以及谓语搭配作为句子的主要架构，具体可划分为六种句型。相对于英语的句子结构，汉语的句子结构更为复杂，其句子构成采用"意合法"，即以表达含义为主要目的，结构简洁清晰。在翻译过程中，译者对于这两种句子的处理方式也有所不同，汉译英时,译者在确定汉语句子的含义之后,才能对句法结构进行解析;反之,对英语句子的处理遵循相反顺序,在对句法结构进行解析的基础上,才能理解句子的含义。

(2) 在汉英翻译时,不仅要注重两种语言句法的差异,还应注意翻译过程中的句法转换。一般而言,两种语言在主谓语的搭配方面并无较大差异,但需要注意的是,汉语中流水句居多,而英语句子遵循严格的主谓搭配,一个句子中只有一个主谓,其他成分则通过非谓语动词的方式呈现。因此,在现代英语翻译的过程中,译者对句子的成分进行重组,需要考虑译文的主语在英语中如何与谓语搭配。结合上文对两种语言句子结构的分析,在进行两种句子的互译时,译者应该充分运用句子结构的特点,在英译汉时,应该采用形合变为意合的方式;在汉译英时,应该采用意合变为形合的方式。

(3) 词的形态也是译者在翻译过程中关注的重点,这主要源于汉语与英语词汇中存在形态方面的差异。英语词语有形态上的变化,而汉语没有,它们的词类区分以及不同词类的使用频率也存在较大差异,如英语中使用介词和名词较多,汉语则使用动词较多。因此,在进行现代英语翻译时,不能严格按照原文的词性进行翻译,要结合目的语的特点,灵活变换词类,以使翻译出来的句子更加符合目的语的语言特点。

3. 理解原文的逻辑关系

分析原文的逻辑关系以及情感意义对于理解原文具有重要作用。由于每个人的思维方式有所差异,不同语言的逻辑也会不同,因此,译者必须秉承严谨认真的态度,结合具体语境,对原文的逻辑关系进行深入把握,深入理解原文的语言风格,在充分尊重原文的逻辑和内容的基础上进行翻译。此外,译者也需要理解原文的情感意义,即原文作者的情感和态度的联想含义。译者应该注重对译文细节的把握,力求在译文中能够保持原文的情感和态度。只有译者充分理解了原文的语义,才能通过合适的选词以及句子结构将原文情感恰如其分地表达出来。

另外,译者还应该注意汉语英语中的修辞差异,以避免修辞差异使语段产生逻辑矛盾。语段是介于句子和语篇的语义单位,有时它是一个句群,有时它只是一个句子。根据实际情况的需要,汉语原文要采用多种修辞方法以使表达更加生动形象。根据汉语的表达习惯,这些修辞的使用合乎逻辑,但在翻译成英语的过程中,译者要考量这些修辞方法是否在英文中也同样适用,是否会产生逻辑矛盾。

(二) 表达阶段

理解与表达是两个不同的阶段,在现代英语翻译过程中发挥着不同的作用,但两者是相互联系、密不可分的。理解讲求准确,表达讲求充分,表达需要以理解为基础,只有通过表达,才能使对原文的理解更加深入。因此,两者是相辅相成、相互促进的。

表达的充分体现在译者能够将原文的内容、表达的情感以及作品风格淋漓尽致地展现出来,这考验着译者对目的语的掌控能力。译者在表达过程中,应掌握好表达的"度",既要避免过分表达,也要避免欠充分表达。过分表达,即在翻译过程中,不顾原文本意,按照译者的理解,任意添枝加叶;欠充分表达,即不尊重原文本意,任意删减。表达的效果主要由两个方面决定:①译者对原文含义的理解程度;②语言的修养程度。对原文含义的深入理解是充分表达的前提,但正确理解并不代表能够正确表达。由于不同语言在表达方式、语法、句式等方面存在差异,因此,在翻译时必须结合语言特点,采用不同方法,灵活处理。

(三) 校核阶段

校核工作具体分为两部分:①核实原文内容;②再次对译文进行推敲。校核是翻译的最后一个程序,也是对前两个阶段的深化,是非常重要的环节。校核不是粗略地看一遍原文,改正明显错误,而是对译文的再加工的过程。好的译文就像精美的艺术品,需要精雕细琢才能完成。校核前的译文,就像一件毛坯,需要修饰和完善,它也可能存在严重的错误。因此,译者需要充分认识到校核工作的重要性,认真对待该环节。校核是对译文的检查,主要需要完成两项工作:①查缺补漏,即核查在翻译过程中是否有遗漏之处;②检查译文是否有错误,如数据、时间等关键信息的翻译是否正确,同时还要检查是否存在由于疏忽产生的错误。

校核阶段应该注重以下内容：①关键信息是否正确翻译，如日期时间、地理位置、人名、地名以及数字等；②疑问的内容、重要词语是否翻译正确；③发现并纠正错译的内容，对于翻译不妥的内容，应该进一步修饰；④争取译文中不存在晦涩难懂的词汇，译文的段落标记以及标点的使用应该准确无误；⑤一般情况下，应该校核两遍，第一遍重点校核内容，第二遍校核偏重文字润色。如果时间充裕，应该再对照原文，将译文通读一遍，进行最后的检查和修改，将所有问题都解决后，译文才能够定稿。

总而言之，理解、表达和校核是翻译的三个关键阶段，三者缺一不可，并且彼此紧密联系。首先，理解是表达的前提，理解的准确与否对表达效果的优劣有直接影响，因此，译者只有对文化背景有一定了解，才能更好地理解原文。其次，表达是决定翻译质量的关键因素，它不仅要保留原文的原貌，包括含义、风格等，还要与译语的表达习惯相契合，对译者的能力提出了较高要求。最后，校核环节在翻译的过程中发挥着把关的作用，即使译者的能力再强，对原文的理解再透彻，表达得再恰到好处，也不可避免会出现疏漏，任何一部好的翻译作品都要经过译者多次的校对和润色。因此，理解、表达和校核各司其职，在翻译过程中均发挥着重要的作用。

第三节　中国的翻译理论

一、古代的翻译理论

（一）支谦的翻译理论

支谦是三国时期主要的翻译家，他在《法句经·序》中论述了自己的主要观点："唯昔蓝调、安侯世高、都尉、佛调，译梵为秦，审得其体……因循本旨，不加文饰，译所不解，则阙不传……然此，虽辞朴而旨深，文约而义博，事钩众经，章有本故，句有义说。"对这一观点的意思分析如下：

第一，"唯昔蓝调、安侯世高、都尉、佛调，译梵为秦，审得其体"这一句是支谦对前人翻译的客观总结。

第二，"因循本旨，不加文饰"是支谦所倡导的一种翻译原则或翻译方法。

第三，"译所不解，则阙不传"是支谦制定的一种权宜策略。

第四，"然此，虽辞朴而旨深，文约而义博，事钩众经，章有本故，句有义说"是支谦对译文结构层次的评析。

此外，支谦还提出了当时译者所面临的两大难题：一是"或得梵语，或以义出音"；二是"名物不同，传实不易"。"或得梵语，或以义出音"是关于译音和译义的问题，"名物不同，传实不易"则是关于名物概念的翻译问题。可见，支谦意识到了本质与现象、内容与形式的统一问题，而且他把"本旨""文饰"作为相对的概念来讨论翻译理论，加深了人们对翻译的认识。

（二）释道安的翻译理论

释道安是东晋、前秦时期著名的翻译家，他在总结前人经验和同时代其他翻译者见解的基础上，结合自己的翻译实践，在《摩诃钵罗若波罗蜜经钞·序》中提出了著名的"五失本，三不易"理论。

1. 五失本

"五失本"是指梵文翻译时容易失去原文本来面目的五个方面，具体内容包括：①"一失本"。梵文词序与汉文词序不同，汉译时必须改变词序，导致译文失去原文的内容。②"二失本"。梵文质朴，汉文华丽，为使读者满意，附庸习惯，译文不得不做些修饰，致使译文不完全符合原文内容。③"三失本"。梵语佛经中同一个意思的词句往往反复，译成汉文时不得不删除一些，导致译文与原文不一致。④"四失本"。梵文佛经每逢结尾之处，必做小结，将前面的话简述一遍，译成汉文时做必要的删减，使译文与原文在内容上出现不一致的情况。⑤"五失本"。梵文每论全文之后，往往要纵横牵扯，汉译时必须删除，使译文失去了原文的一些内容。

释道安的"五失本"是他通过比较研究而总结列举出的汉、梵两种语言之间的五对矛盾（内容形式、原文译文、文体类型、语言风格、文辞文法）。至于这五对矛盾的解决方法，或者能不能解决，释道安则没有进一步阐述。

2. 三不易

"三不易"是指翻译梵文时有三种情况不容易处理。具体指：①"一不易"：过去和现在不一样，要把过去的情况用现在的情形译出来，不容易。②"二不易"：后人要完全理解古代圣贤深邃的思想，不容易。③"三不易"：释迦牟尼去世后，弟子阿难造经非常慎重，现在要普通人来译，不容易。

释道安的"三不易"表明他意识到了翻译所涉及的历时性的矛盾，以及因原著、译者和译文读者在知识结构和认识水平方面的差距而产生的翻译矛盾问题。

综上可知，释道安的主要贡献在于对汉语、梵文两种语言进行了比较研究，并涉及原著、译者、译著、读者之间的关系，对翻译实践进行了较为系统的规律性总结，摆出了问题，为后继者指出了努力的方向，提供了继续研究的线索。

（三）彦琮的翻译理论

彦琮是隋代的一位有影响的翻译家，他翻译过很多佛经，其主要观点是"八备"说，是指做好翻译必须具备的八项条件：①诚心爱法，志愿益人，不惮久时；②将践觉场，先牢戒足，不染讥恶；③筌晓三藏，义贯两乘，不苦暗滞；④旁涉坟史，工缀典词，不过鲁拙；⑤襟抱平恕，器量虚融，不好专执；⑥耽于道术，淡于名利，不欲高衔；⑦要识梵言，乃闲正译，不坠彼学；⑧薄阅苍雅，粗谙篆隶，不昧此文。通俗而言，翻译人员应该具备以下条件：①诚心爱法，立志为人奉献，不怕耗时、费力；②品行端正，忠实可信，不招别人讥笑、讨厌；③通达义旨，不拖泥带水；④涉猎中国经史，擅长文学，精于辞藻，笔锋达意；⑤度量宽和，虚心求教，不武断固执；⑥深爱道术，不喜名利，不出风头；⑦精通梵语，熟悉译法，不失原义；⑧兼通中国训诂，使译文不失准确。

上述条件中，①②⑤⑥是关于翻译主体的人格修养的，③④⑦⑧是关于翻译主体的学识修养的，即译者所具备的理解能力、表达能力以及掌握两种语言的水平。在文与质的问题上,如彦琮在《辩正论》中提出"宁贵朴而近理,不用巧而背源"的原则,坚持忠实第一。

(四) 徐光启的翻译理论

徐光启是明末著名的科学家、政治家、翻译家,他翻译过《几何原本》《泰西水法》《灵言蠡勺》等,是将我国翻译的范围从文学扩大到自然科学领域的第一人。徐光启的翻译思想集中体现在以下三个方面:

第一,认识到翻译的重要性,认为翻译是吸取他国长处的先决条件和手段。"欲求超胜,必须会通;会通之前,必须翻译"这种翻译态度,放在当时的历史与文化语境下,显得弥足珍贵。

第二,翻译时要抓重点,抓"急需"。西方数学的严密理论和逻辑体系是其他学科的基础,因此应该将数学专著的翻译放在首位。

第三,在《几何原本》译序和杂议中谈到翻译的目的是"以裨益民用",即通过翻译来造福人民。

二、近代的翻译理论

近代翻译理论是指 1940—1949 年形成的有关翻译的见解和理论,这一时期的翻译以西学翻译为主,涌现出了一批优秀的翻译家,他们致力于翻译的实践研究,提出了独到的翻译见解和理论。中国近代翻译是我国翻译理论自成体系的开创时期。

(一) 徐寿与傅兰雅的翻译理论

徐寿是洋务运动时期著名的科学家、翻译家,他与傅兰雅合译或自译西方书籍 13 种,代表作有《化学鉴原》《化学求数》《化学考质》等,并首创了一套化学元素的中文名称。傅兰雅结合自己丰富的翻译经验,提出了翻译应"不失原文要旨""易于领会"的翻译标准,这一时期的翻译大家对翻译理论的最大贡献是对科学技术术语的统一工作,从译名统一的原则到科学术语词典的编纂都在翻译史上留下了宝贵的财富。傅兰雅、徐寿等人强调"译名七原则",内容为:①尽可能直译,而不意译;②万一不能意译,则要用尽量适当的汉字音译,要建立音译体系,基本词素要固定,要用官话音译;③新术语尽可能同汉语的固有形式构建相一致;④译名要简练;⑤译名要予以准确的定义;⑥译名在各种场合都要符合原意,不致矛盾;⑦译名要有灵活性。

"译名七原则"对科技名词的翻译和外来科学技术的引入做出了巨大贡献,促进了中国翻译理论的形成;有力地驳斥了汉语难译科技书籍的说法,指出中国人也可以创造新词汇;倡导科技译名统一,并指定译名的具体规则,使地理、物理、化学、医学、数学等科学书籍译成,并广泛流传。

(二) 梁启超的翻译理论

梁启超是我国近代史上著名的思想家和文学家,他把翻译当作强国之道,目的在于推行维新变法。梁启超在其长篇巨著《变法通议》第七章(论译书)中指出了译书的两个弊端,"一曰徇华文而失西义,二曰徇西文而梗华读",即一是由于遵循汉语的表达习惯而失去了原文的文化内涵等;二是由于遵循英语的表达习惯而造成汉语译文的晦涩难懂。同样在第七章中,梁启超指出:"自鸠摩罗什、实叉难陀皆深通华文,不著笔受。玄奘之译《瑜伽师地论》等,先游身毒,学其语,受其义,归而记忆其所得,从而笔之。言译者,当以此义为最上。"这段话的含义是鸠摩罗什和玄奘等都精通汉语和梵文了解原文含义,因此翻译时无须多加润饰,只需记下来直接译成汉语即可,这是翻译的最佳方法,也值得其他译者效仿。梁启超还主张翻译书籍务必要让读者深刻了解原文含义,如果原文含义有所靡失,只保留原文部分含义或增减原文内容、颠倒原文顺序等,都是有害的。另外,译者的学识专业必须和原作者接近,这样才能翻译出质量上乘的作品。

(三) 林纾的翻译理论

林纾是中国近代翻译史上的翻译大师,也是中国文学翻译事业的先行者和奠基人,被公认为中国近代文学翻译的鼻祖。林纾的翻译思想主要体现在以下方面:

第一,翻译不易。翻译书籍需要抱有严谨、审慎的态度,要想翻译出好的作品，译者必须先了解原文所引用的历史典故、风俗文化、古籍旧说等知识，并了解源语和目的语之间的异同，在传递源语文化的同时，使译文符合目的语的表达习惯，这样才能达到理想的翻译效果。

第二，译文要忠实于原著。译者在翻译外国作品时难免会对书中的内容产生异议，但翻译时仍需忠实于原文，将原文的特征、思想表现出来。

第三，译名统一。林纾在《中华大字典》的序言中阐述了自己对译名统一问题的看法，汉语中一个字只有一个含义，只有将一个一个的汉字联合起来才能成文。因此，在翻译英文时往往需要耗费大量汉字，再加上由于没有一定的名词，常会和英文原作相左。对此，林纾强调由政府设局，制新名词，择其淳雅可与外国名词相通者，加以界说，以惠学者。尽管这个提议并未被当局采纳，但却是他对中国翻译的另一个重要贡献。

（四）鲁迅的翻译理论

第一，以信为主，以顺为辅。鲁迅主张翻译应做到"信"和"顺"，"信"是翻译工作中最重要的，译者应在保证"信"的同时，尽量使译文流畅通顺。

第二，以直译为主，以意译为辅。对于翻译的策略，鲁迅明确强调直译的主张，这是针对晚清以来翻译多随意删减、颠倒、附益的不良风气而提出的。鲁迅在《域外小说集》的《略例》中指出，"任情删易，即为不诚。故宁拂戾时人，迻徙具足耳"，这表达了其直译的观点。需要注意的是，鲁迅所提倡的直译并非逐字翻译，而是既要保留原文全部的思想内容，又要尽量保留原文的语言形式、风格等。

第三，复译有必要。由于晚清时期很多学者乱译、硬译，致使很多读者都不愿意看翻译的作品，并且严重影响了中国读者对原作的认识。要改变这种情况，需要对那些已有翻译版本的原作进行复译。鲁迅在《非有复译不可》一文中曾指出："诬赖、开心、唠叨都没有用处，唯一的好方法是又来一回复译，还不行，就再来一回。"这一思想对我国翻译事业的健康发展做出了不可磨灭的贡献。

第四，提倡翻译批评。对于当时国内盛行的乱译、硬译现象，鲁迅主张翻译批评。鲁迅在《为翻译辩护》中指出，翻译作品不好的主要责任虽在于译者，但读书界、出版界、批评家也有一定的责任。要改变、整顿现在翻译的不良风气，正确的翻译批评是必要的。通过翻译批评指出坏的，奖励好的；如果没有好的，则较好的也可以；如果连较好的也没有，则要在指出译本坏的地方之余还要指出其好的地方。

综上所述，鲁迅对翻译批评的态度十分宽容。他鼓励和支持翻译，并提倡区分译文质量的好坏，为读者选出好的或者较好的译文，即使没有这样的译本，也要从不完全坏的译本中找出好的方面，从而尽可能地让读者受益。这种翻译批评法对端正翻译批评之风无疑是极为有利的，而鲁迅的这种辩证唯物主义思想也成为中国翻译批评日后进一步发展的基石，有助于将中国的翻译批评引到一条正确的道路上。

三、现代的翻译理论

（一）胡适的翻译理论

胡适是我国现代著名学者、诗人、历史学家、文学家和哲学家。从 1919 年起，胡适陆续翻译了都德、莫泊桑、契诃夫等人的短篇小说，以及拜伦的长诗《哀希腊》、易卜生的剧本《娜拉》（与罗家伦合译）等西方著作。

胡适也是中国白话新诗翻译的领军人物。胡适用十分严肃认真的态度对待翻译，有三重责任之说：一是要对原作者负责任，求不失原；二是要对读者负责任，求他们读懂；三是要对自己负责任，求不致自欺欺人。

胡适在《建设的文学革命论》中提出了翻译西洋文学名著时只译名家著作，不译二流以下著作的看法，他还主张全用白话进行翻译。胡适的这两个观点在当时很有影响力，推动了白话文翻译的发展。

（二）郭沫若的翻译理论

郭沫若是我国现代著名诗人、文学家、戏剧家和翻译家，其翻译理论主要表现在以下方面：

第一，风韵译理论。郭沫若在为田汉译《歌德诗中所表现的思想》一文的"附白"中指出:"诗的生命,全在它那种不可把握之风韵,所以我想译诗的手腕于直译意译之外,当得有种'风韵译'。""风韵译"理论不赞同移植或逐字逐句地翻译,而是强调"以诗译诗",认为翻译的过程是两种文化融合的过程,不仅是两种语言的转换,更是译者对原文审美风格的再创造。

第二,生活体验论。对于译者的素质,郭沫若主张主体性、责任心是译者必须具备的。翻译工作要求译者具有正确的出发点和高度的责任感,一方面要慎重选择作品,另一方面要以严肃的态度进行翻译。除了责任心以外,郭沫若主张译者主观感情的投入对翻译工作也十分重要。翻译之前,译者先要深入了解原文作者和作品,只有这样才能更深刻地了解原文和作者的思想。郭沫若的"合而为一"思想影响着后代的译者,即使自己变成作者,融入作品中,体会原作的情感与内涵,这种"合而为一"的翻译思想对翻译理论的发展同样做出了重要的贡献。

第三,好的翻译等于创作。翻译不是一个简单的工作,而是一种需要创造力的艺术。好的翻译与创作无异,甚至会超过创作。郭沫若在翻译的过程中无不关注原作的艺术风格和精神思想,并将其融入笔端,进行艺术的再创作。只有这样的创造性翻译才是真正高质量的翻译。

(三) 茅盾的翻译理论

茅盾是我国现代著名小说家、文学评论家、文化活动家,他所倡导的是"神韵"与"形貌"辩证统一的文学翻译批评理论,对中国的文学翻译批评产生了极大的影响。

晚清时期,严复提出了"信、达、雅"的翻译标准,这是对中国传统翻译批评影响深远的一种模式,也是晚清文学翻译批评的标准模式。但在实践中,译者与翻译批评者之间互动不够,翻译批评难以真正起到指导翻译活动的作用。随着"五四运动"的兴起,中西文化的碰撞为文学翻译及文学翻译批评注入了新的活力。

茅盾在大量翻译外国文学作品的同时,十分注重中国古代文论中的精华。对于当时文学翻译批评界争论不下的"直译"和"意译"问题,茅盾的"形貌"与"神韵"辩证统一的文学翻译批评理论,符合中国传统文化思想的文学翻译批评主张。

对于直译和意译,茅盾曾表示,由于汉英文字不同,对所有文本一律采取直译法很难。译者往往照顾了语言形式就会导致神韵不足,而照顾了神韵,语言形式又会和原文不同,即"形貌"与"神韵"无法同时保留。尽管如此,"形貌"与"神韵"却又是相辅相成的,"单字""句调"不仅构成了语言的"形貌",也构成了语篇的"神韵"。

茅盾通过中国义论中"形貌""神韵""单字""句调"的概念打破了晚清以来文学翻译批评的限制,他所倡导的"形貌"与"神韵"辩证统一的翻译批评理论也是对当时争论已久的"直译"和"意译"问题的一个最佳解决办法,这使中国的翻译批评摆脱了传统束缚,产生了新的生机,极大地促进了中国传统文学翻译批评向现代文学翻译批评转换。

(四)叶君健的翻译理论

叶君健是著名翻译家、儿童文学家,擅长用世界语、英语写作。叶君健的主要译著有爱斯古里斯的《亚格曼农王》、麦特林克的《乔娜娜》、易卜生的《总建筑师》、托尔斯泰的《幸福的家庭》、梅里美的《卡尔曼》、贝洛奇等的《南斯拉夫当代童话选》等,主要论著有《读书与欣赏》《西楼集》等。叶君健自1958年翻译《安徒生童话全集》以来,一贯关注译者在翻译中的主体性和创造性。传统翻译观认为,译者应充当"隐形人",彻底"隐身",完全忽略了译者客观存在的介入行为。叶君健则主张,文学翻译不是简单的符码转化,不是单纯的翻译技巧,翻译有再创造的一面,因而也是一种文学创作。译作的倾向和功能会受到译者的文化身份、修养、意识形态、立场等因素的影响。

1997年,叶君健发表了《翻译也要出"精品"》一文,系统地论述了自己的"精品"理论,即把一部外国作品移植到国文中来,如果功夫到家,就使其转化为本国文学作品。在文中,叶君健强调了"译者的个性"和"个性的译作"。叶君健的"精品"理论具有鲜明的学术个性,是他毕生翻译经验的精华,也是他留给译界后人的一笔财富。

(五) 傅雷的翻译理论

傅雷是我国著名文学翻译家、文艺评论家，他在《高老头》译序中提出了"神似论"的翻译标准。具体而言，傅雷对翻译理论的贡献主要表现在以下两个方面：

第一，传神达意。傅雷的"神似论"认为翻译时要想做到"传神达意"，必须把握好三个方面：①中文写作。好的译文要给人一种原作者在用汉语写作的感觉，这样原文的精神、意义以及译文的完整性和流畅性都得以保全，也不会产生以辞害意或以意害辞的问题。②反复修改。译者对待翻译的态度需要极其严肃，因为好的翻译离不开反复的锤炼和修改，做文字工作不能只想着一劳永逸，而应该不断地推敲、完善。③重视译文的附属部分。所谓译文的附属部分，即注解、索引、后记、译文序等内容，这些内容都对译文能否"传神达意"有着重大影响。妥善处理这些内容有助于读者更好地理解原文的形式和内容。

第二，神形和谐。傅雷的"神似论"认为，翻译要像临画，重点求神似，形似在其次。傅雷将中国古典美学理论运用于翻译之中，用绘画中的"形神论"观点来对待翻译。傅雷的"神似论"指出，要做到传神达意，仅按照原文句法拼凑堆砌是不行的，更重要的是要和原文神似。但这并不是说译者可以抛弃原文的形式，而是要在和原文神似的基础上追求形似，不能求形而忘神。神和形是语篇的两个方面，两者紧密联系。神依附于形而存在，神又是形的根本意图。因此，两者是一个和谐的整体，其各自的轻重无法简单衡量。

形与神的和谐需要译者的创造。傅雷的"神似论"认为翻译的标准是，假设译文是原作者用汉语撰写的，提倡译文必须使用纯粹的、规范的中文。另外，为了生动再现原文的内容，体现出时空、语境的差异，译者必须杂糅各地方言，也可以使用一些旧小说套语和文言。使用方言、旧小说套语和文言的关键在于适当调和各成分在语篇中的作用，避免译文风格支离破碎。傅雷这种将方言、行话、文言和旧小说套语等融入白话文中，从而竭尽所能地转达原文的"神韵"的方法，不得不说是一个创新之举。

（六）钱锺书的翻译理论

钱锺书是我国著名的作家、文学研究家，他对翻译也有很多发人深省的论述。"化境说"是钱锺书对翻译理论的主要观点，也是最大的贡献。"化境"和中国传统文论一脉相承，原指艺术造诣达到精妙的境界，被钱锺书引入翻译领域中。钱锺书在《七缀集·林纾的翻译》中首次提出了"化境说"的翻译观。具体而言，"化"包括三个方面：①转化，即将一国文字转换成另一国文字；②归化，即能用汉语将外国文字准确、流畅、原汁原味地表现出来，读起来不像是译本，倒像是原作；③化境，即虽然语言表现变了，但精神资质如故。

此外，"化"还需注意两个方面：①翻译时不能因为语言表达的差异而表现出生硬、牵强之感，否则须得"化"之；②"化"的时候不能随便去"化"，不能将原文文本中有的东西"化"没了，即虽然换了一个躯壳，译文仍要保留原文的风味、精神、韵味。

"化境"是钱锺书将原本用于中国古典美学的"境界"概念引入翻译领域中得出的一种翻译理论，"境界"是所有学科的共性，是相通的。钱锺书将文学翻译理论纳入文艺美学范畴的做法对中国文化而言意义深远。"化境说"不仅兼顾了翻译中的语言形式和神韵，还强调了译者的创造性。因此，"化"是翻译的最高境界。

第四节　西方的翻译理论

"西方翻译有着几千年的历史，在漫长的历史发展过程中涌现出大批璨若星河的翻译思想家。这些翻译观点和思想也是人文学科的智慧结晶"[①]。

---

① 刘军平：《西方翻译理论通史（第二版）》，武汉：武汉大学出版社2019年版，第1页。

一、古代至中世纪的翻译理论

（一）西塞罗的翻译理论

马库斯·图留斯·西塞罗（Marcus Tullius Cicero）是古罗马共和国末期的政治家、哲学家、演说家、散文家、法学家和拉丁语言大师，是西方翻译史上最早的翻译理论家之一。西塞罗曾翻译过许多古希腊政治、哲学、文学等方面的名著，其中包括柏拉图的《蒂迈欧篇》和荷马的《奥德赛》。因此，西塞罗的译论深深植根于翻译实践的基础之上。

西塞罗对翻译理论的阐述主要见于《论最优秀的演说家》和《论善与恶之定义》。虽然这两部著作并非论述翻译的专著，但其中的精辟见解对后世的翻译理论与实践产生了深远的影响。在《论最优秀的演说家》第5卷第14章中，西塞罗提出的所谓"解释员"式翻译与"演说家"式翻译的区分，即直译与意译两种基本译法的区分，是西方翻译理论起源的标志性语言。在《论善与恶之定义》中，西塞罗提出翻译必须采取灵活的方式，选词造句要符合自己的语言，以达到感动读者的目的。在此基础上，西塞罗强调翻译是一种文学创作。西塞罗是西方翻译史上正式提出翻译的两种基本方法、译作与原作的关系、形式与内容的关系及译者的权限和职责等问题的第一人。西塞罗打破了翻译只限于实践而脱离理论的状态，是西方翻译史上的第一位理论家。

（二）贺拉斯的翻译理论

昆图斯·贺拉斯·弗拉库斯（Quintus Horatius Flaccus）是古罗马时期的著名政治家、抒情和讽刺诗人、文艺批评家、翻译家，他的翻译思想集中体现于《诗艺》（又名《致皮索兄弟书简》）。《诗艺》中"忠实原作的译者不会逐词死译"这句话后来成为活译者、意译者用来批评直译、死译的名言。贺拉斯受西塞罗的影响，强调翻译必须避免直译，应选择意译，但意译并不意味着翻译可以天马行空地任意发挥。同时，他根据自己的创作和翻译实践主张"以希腊为典范的旗帜"，制定出一套古典主义的文艺原则，提倡创新、平易、和谐、寓教于乐的风格,影响了文艺复兴以后的许多翻译家。

(三) 布鲁尼的翻译理论

莱奥纳尔多·布鲁尼(Leonardo Bruni)是意大利著名的人文主义者、学者和政治家,是中世纪末期最著名的翻译理论家之一。布鲁尼在《论正确的翻译方法》这篇论文中对翻译问题进行了专门论述,是西方翻译史上最早对翻译问题进行专题研究的学者。布鲁尼的翻译思想主要有三个方面的内容:①译者应当尽可能地模仿原作风格;②任何语言都可以用来进行有效翻译;③翻译的实质是把一种语言里的东西转移到另一种语言中,因此译者必须具备广泛的知识。

(四) 昆体良的翻译理论

昆体良(Marcus Fabius Quintilianus)是继西塞罗、贺拉斯之后提倡活译的另一位著名人物,以演说家、修辞学家著称。昆体良一生写过三部著作,其中最有名也是唯一残存的作品就是《雄辩术原理》,这部12卷本的《雄辩术原理》讨论的是有关修辞学家一生的教育问题,但昆体良在第八到十卷阐述了自己的翻译思想,他不仅提出了翻译的分类,即一般普通材料的翻译和创造性转换性质的翻译,界定了"翻译"和"释义",还主张译者可以通过翻译改进写作风格,与原文竞争,甚至可以改编翻译,用编译的语言提高原文的质量。《雄辩术原理》是西方翻译理论著作中最早提出与原作"竞争"的论著。

二、文艺复兴时期的翻译理论

(一) 马丁·路德的翻译理论

马丁·路德(Martin Luther)是德国辩论家、社会学家和翻译家,其翻译的《伊索寓言》具有很高的文学价值。路德在翻译理论方面的主要贡献体现在以下方面:

第一,使用大众所熟悉的通俗语言才能使翻译大众化。

第二，翻译必须注重语法和意思的联系。

第三，翻译要将原文的语言现象放在首位，要采用意译的方法帮助读者完全看懂译文。

第四，翻译必须集思广益。

第五，马丁·路德的七条原则，内容包括：①可以改变原文的词序；②可以合理运用语气助词；③可以增补必要的连词；④可以略去没有译文对等形式的原文词语；⑤可以用词组翻译单个的词；⑥可以把比喻用法译成非比喻用法，把非比喻用法译成比喻用法；⑦注意文字上的变异形式和解释的准确性。

（二）多雷的翻译理论

艾蒂安·多雷（Etienne Dolet）是法国文艺复兴时期著名的人文主义者、学者和翻译家，他翻译和编辑过弥撒曲、柏拉图的对话录《阿克赛欧库斯》以及拉伯雷的作品。在多雷看来，翻译是译意，而不是译字。为了表达作者的意图，译者有调整、颠倒译文句式的权利。多雷在《论出色翻译的方法》一文中对翻译问题进行了系统的论述。多雷主张要想翻译得出色，必须做到：①译者必须完全了解自己所翻译的作者的旨趣和内容；②译者应该精通原文语言和目的语语言，不损害原文的优美；③译者不应该亦步亦趋地逐字翻译；④译者应该避免刻板的语言，使用通俗的语言表达；⑤译者应该调整次序，重构语序，避免生硬的翻译。

三、近代的翻译理论

（一）巴特的翻译理论

夏尔·巴特（Charles Batteux）是18世纪法国乃至欧洲最富影响力的文学理论家和翻译理论家之一，他的代表著作有《论文学原则》和《纯文学教程》。巴特主张语言的普遍因素不是语法，而是语序，语法结构为句子次序所支配。因此，如果出现矛盾，语法结构应让位于句子次序。巴特在《论文学原则》的第五部分着重讨论了翻译的语序问题，并提出了12条规则，如应该保留原文思想出现的先后顺序，原作中所有的连接词都应该保留，应该尽可能使用相同的篇幅来表达，以使译文具有与原文同等的明晰度，必须在译文中保留原作的修辞手法和形式等。

《论文学原则》集中体现了巴特对翻译问题的种种看法，观点新颖、论述精当，是西方18世纪翻译理论发展史上的一个里程碑。巴特既是一个翻译理论家，又是一位积极的翻译实践者。巴特所译的亚里士多德的《诗学》始终保留原作的语序，句子长短也与原文接近，达到了形式上的对等。

（二）歌德的翻译理论

约翰·沃尔夫冈·冯·歌德（Johann Wolfgang von Goethe）是享誉世界的文坛巨匠，是近代德国伟大的文学家、翻译家和翻译理论家。歌德所译的意大利雕刻家切利尼的《自传》、西班牙戏剧家卡尔德隆的戏剧和法国哲学家狄德罗的《拉摩的侄儿》等作品，在整个欧洲文学中都是最有影响力的上乘之作。

在歌德看来，翻译是世界事务中最重要、最有价值的活动之一，译者是人民的先知，因此人民应该重视翻译。歌德主张文学作品包括诗作的可译性之所以存在，是因为不同的语言在其意思和音韵的传译中有着彼此相通的共性，歌德把翻译分为三类：①传递知识的翻译；②按照译语文化规范的改编性翻译；③逐字对照的翻译。歌德的翻译理论是建立在浪漫派的美学基础之上的，因此其主张第三类翻译最好，既能传递原文的信息，又可以体现译文的优美。

（三）洪堡特的翻译理论

洪堡特（Karl Wilhelm von Humboldt）是德国的哲学家、教育改革家和语言学家，对德国在18世纪末至19世纪初成为西欧翻译理论研究中心做出过特殊贡献。《按语言发展的不同时期论语言的比较研究》和《论人类语言结构的差异及其对于人类精神发展的影响》是他的两部代表性论著。此外，洪堡特为自己翻译的古希腊戏剧家埃斯库罗斯的《阿伽门农》写过一篇重要的序言。在这些论著中，他用崭新的观点对语言问题进行了深刻的讨论。

洪堡特主张，语言和人类思维、民族精神、文化有着密不可分的关系，语言决定思想文化。洪堡特的翻译理论认为，可译性与不可译性是一种辩证关系。虽然语言的不同给翻译带来一定的困难，但不同语言之间的翻译是可能的，而且翻译对丰富译入语的民族文学和语言起着难以替代的作用。在谈到翻译原则时，洪堡特主张把忠实列为翻译的首要原则，但这种忠实必须指向原文真正的特点而不是其他的旁枝末节。

洪堡特的最大贡献在于他的两元论语言观。尽管在19世纪这种语言观并没有引起重视，但在20世纪，现代语言学家费迪南·德·索绪尔等学者在洪堡特两元论的影响下衍生出二分法语言观，即语言可以从"语言系统"和"言语系统"两个方面进行分析，奠定了现当代翻译理论的基础。可见，没有洪堡特的两元论就没有二分法语言观，也就没有当今翻译理论的繁荣发展。

（四）施莱尔马赫的翻译理论

弗里德里希·丹尼尔·恩斯特·施莱尔马赫（Friedrich Daniel Ernest Schleiermacher）是一位颇有影响力的古典语言学家。1813年6月24日，施莱尔马赫在柏林德国皇家科学院宣读了一篇长达30多页的论文——《论翻译的不同方法》，从理论上阐述了翻译的原则和方法问题，这篇论文至今仍是翻译研究领域具有标志性意义的重要文献。施莱尔马赫在《论翻译的不同方法》中表达了以下重要的思想：

第一，翻译可以分为"真正的翻译"和"纯粹的口译"。施莱尔马赫是西方第一个把笔译和口译明确区分并加以阐述的人。施莱尔马赫主张的"纯粹的口译"主要适用于商业翻译，是一种机械的活动，不值得为之付出特别的学术关注。

第二，"真正的翻译"可以分为"释译"和"模仿"。"释译"主要指翻译科学或学术类文本，"模仿"主要指处理文学艺术作品，二者的区别在于释译需要克服语言的非理性，但可以达到原文和译文之间的等值；模仿可以利用语言的非理性，却无法做到在所有方面都与原文精确对应。

第三，译者必须正确理解语言和思维的辩证关系。

第四，翻译有两种不同的途径，一种是使作者向读者靠拢，另一种是使读者向作者靠拢。这一思想后来被美国翻译理论家韦努蒂发展为翻译的归化和异化理论，在翻译界产生了巨大的影响。

四、现代的翻译理论

在现当代，国外涌现出了一大批翻译理论学家，他们对翻译的研究丰富了翻译理论的内容，拓展了翻译研究的方向，对世界翻译理论做出了巨大的贡献。这里以学派为分类标准，阐述具有代表性的学者的翻译理论。

（一）语言学派的翻译理论

奥古斯汀（Aurelius Augustinus）以亚里士多德的"符号"理论为基础，发展了语言符号的"能指""所指"和译者"判断"的三角关系，开创了西方翻译理论的语言学传统。20世纪初，费迪南·德·索绪尔的普通语言学理论对语言和言语、语言的历时和共时进行了区分，提炼出了六对语言符号对立统一的性质，深深地影响了其他人文学科，如哲学、人类学、社会学、文化学、历史学、逻辑学、美学等，也极大地促进了西方翻译理论的发展，构筑了此后翻译研究的语言学派的基本框架，为当代翻译研究的各种语言学方法奠定了基础。索绪尔的语言哲学思想为翻译理论研究开辟了新的研究途径，西方翻译学者开始从科学的现代语言学视角来讨论翻译问题，充分运用语言理论来建立自己的翻译模式。

翻译语言学派强调翻译过程中对语言现象的研究与分析，着重从语音、词汇、句子、篇章等不同的语言结构层次出发来探讨翻译活动的普遍规律。此外，他们以"等值"为理论核心，认为语言和语言之间相互转换的等值方法是解决语言之间翻译问题的根本途径。翻译研究的这一语言学转向是西方翻译理论发展史上的第一次质的突破和飞跃，因此在20世纪40年代到70年代初，翻译被纳入了语言学范畴，被视为比较语言学、应用语言学和语义学的一个分支。语言学派在地域上分布较广，代表性学者也很多，下面阐述其中具有代表性的理论。

1. 奈达的翻译理论

著名语言学家和翻译理论家尤金·奈达是公认的现代翻译理论的奠基人，也是语言学派最重要的代表人物之一。奈达著述数量之多、质量之高、论述之详尽、系统之完备，在西方翻译理论史上都是空前的。奈达的代表性专著有《翻译科学探索》《翻译理论与实践》《语言文化与翻译》《从一种语言到另一种语言》《语言与文化——翻译中的语境》等。

奈达是第一个提出"翻译的科学"这一概念的人，也是"翻译科学说"的倡导者，因此翻译语言学派也被称为翻译科学派。奈达在语言学研究的基础上，把信息论应用于翻译研究，认为翻译即交际，创立了翻译研究的交际学派。奈达还就翻译过程提出"分析""转换""重组"和"检验"四步模式。此外，奈达从社会符号学出发，论述了语言符号的相互依存性及对比意义，把符号的意义分解为"当下""分析"和"综合"三个层次，具有操作性。奈达最有影响力的贡献是他的"动态对等"翻译原则，进而从社会语言学和语言交际功能的观点出发，提出"功能对等"的翻译原则。"功能对等"是奈达翻译理论的核心思想，在西方翻译理论发展史上占据了重要的地位。

奈达的翻译理论依据扎实的语言学基础对翻译概念及术语进行了科学明晰的界定。同时，其翻译理论经过大量翻译活动的实践检验后被证明是行之有效的。理论与实践的相互结合确立了奈达的学术地位。尽管如此，奈达的"动态对等""功能对等"原则都过于注重内容而忽视形式，有一定的局限性。如果应用于文学翻译，有可能导致风格的缺失和文学性的削弱。

2. 卡特福德的翻译理论

卡特福德在 1965 年发表的《翻译的语言学理论》一书中探讨了翻译的定义和基本类型、翻译等值、形式对应、意义、完全翻译、转移、翻译等值的条件、语法翻译和词汇翻译、翻译转换或翻译转位、翻译中的语言变体以及可译限度等内容，从现代语言学视角诠释翻译问题，是翻译理论史上划时代的著作，在世界翻译学界产生了很大影响。卡特福德的主要翻译理论包括以下几个方面：

（1）对等值做了较为深入的研究，认为确立语言之间的等值关系是翻译的本质和基础。

（2）将翻译界定为用一种等值的语言（译语）的文本材料去替换另一种语言（源语）的文本材料，并指出对等是关键词，将寻求对等视作翻译研究和实践的中心问题。

（3）独创了"转换"这一术语，并将"转换"区分为"层次转换"和"范畴转换"两种形式。

（4）建议采用系统地对比原文和译文、辨别两种语言的不同特征和观察两种语言的限制因素的方法来培训翻译人员。

卡特福德摆脱了传统的印象式翻译研究方法，详尽分析了翻译等值的本质和条件，对语言转换的规律进行了科学的阐述，是20世纪少有的有原创性的翻译理论家。

3. 雅柯布逊的翻译理论

1959年，美国语言学家罗曼·雅柯布逊（Roman Jakobson）发表了一篇名为《论翻译的语言学问题》的论文，标志着语言学和符号学正式融入翻译学。在这篇开创性的论文中，雅柯布逊对语言与翻译的关系进行了深入分析，并提出了一种划时代的分类方式。他将翻译分为三类：语内翻译、语际翻译和符际翻译。这一分类方式准确地概括了翻译的本质，对当代语言学派的翻译研究产生了深远的影响。雅柯布逊的贡献不仅在于创造性地分类，还在于对翻译中的关键问题进行了详尽分析。论文着重强调了翻译必须考虑语言的认识、表达和工具等功能，同时提出了翻译研究应该关注多个语言学维度，而不仅限于词汇层面。他强调了比较的重要性，包括语义、语法、语音、语言风格以及文学体裁的比较。

雅柯布逊的研究领域十分广泛，这种多领域、跨学科的研究使他在沟通欧美语言学的交流中起到了突出作用。雅柯布逊的语言功能理论给翻译研究提供了超越词汇、句子的语境模式，探讨了翻译中语言的意义等值、可译性和不可译性等翻译理论和实践中的根本问题。雅柯布逊对语言和翻译的新颖而全面的论述，开启了20世纪翻译研究的语言学派的大门。

4. 纽马克的翻译理论

英国学者彼得·纽马克（Peter Newmark）在奈达、卡特福德等人的翻译思想的启迪下，将跨文化交际理论和现代语言学的研究成果（如格语法、功能语法、符号学和交际理论等）运用到翻译研究中，形成了自己在许多翻译理论问题上独到的见解和认识。

在1981年发表的《翻译问题探索》中，纽马克提出的"语义翻译"和"交际翻译"两个重要的翻译策略，成为西方翻译研究史上的重要里程碑。纽马克强调，语义翻译和交际翻译的区别是，交际翻译产生的效果力求接近原文文本，语义翻译则在目标语结构许可的情况下尽可能准确地再现原文意义和语境。但是，在翻译中具体采用哪一种翻译方法还要考虑到不同的文本类型，这样才能达到效果等值。

语义翻译法和交际翻译法是纽马克翻译理论的核心，也是其翻译理论中最主要、最有特色的组成部分。1991年，针对原有理论中的不足，纽马克又发展出一个新的翻译概念，并于1994年将其正式定义为"关联翻译法"，即原作或译出语文本的语言越重要，就越要紧贴原文翻译，这标志着他的翻译理论渐趋系统和完善。

此外，纽马克借鉴、修正和补充了雅柯布逊的功能模式，将文本功能分为表情功能、信息功能、呼唤功能、审美功能、寒暄功能、元语言功能，使文本的功能分析更加系统和完备。在此基础上，纽马克试图通过对源语和目的语系统的比较和描述来建立文本类型的样板。纽马克勤于著述，他的代表作有《翻译教程》《关于翻译》《翻译散论》，等等。

（二）功能学派的翻译理论

德国的功能翻译理论产生于20世纪70年代到80年代，当时结构主义语言学对德国译学界的影响越来越大，导致翻译成为语言学的附属品，严重制约了翻译这一学科的发展。理论与实践的严重脱节促使一些学者寻找新的途径，功能学派应运而生。

功能学派翻译理论认为，要想解决翻译研究中的所有问题，不能完全依靠纯语言学理论。因此，功能学派针对翻译语言学派的薄弱环节，广泛借鉴交际理论、行为理论、信息论、语篇语言学，并接受美学的思想，将研究的视角从源语文本转向目标文本，成为当代德国翻译界影响最大、最活跃的学派之一。

功能学派翻译理论推翻了原文的权威地位，帮助译者摆脱了传统的对等、转换等语言学翻译方法的束缚，转而运用功能和交际方法来分析、研究翻译，在翻译理论史上有着重要的意义，它的诞生标志着流行于20世纪50年代至70年代的结构主义语言学统治地位的结束。以下阐述功能学派中具有代表性学者的翻译理论。

1. 莱斯的翻译理论

卡塔琳娜·莱斯（Katharina Reiss）是海德堡大学翻译学院的毕业生，同时也是德国翻译功能学派的重要创建者之一。在她的早期研究中，她聚焦于对等概念，主张翻译对等应该在语篇层面而非词句层面进行考量。她致力于将翻译策略与语言功能、语篇类型以及文章体裁相结合，以深入研究翻译现象。莱斯的翻译实践启示她认识到在实际操作中难以实现真正的对等。因此，她将研究焦点转向了翻译的功能，并与弗米尔一起成为翻译研究功能论的倡导者。这一转变为她后来的理论发展打下了基础。

1971年，莱斯出版了《翻译批评的可能性与限制》一书，这标志着功能学派的创立。在这本书中，她首次引入了功能范畴，将语言功能、语篇类型和翻译策略联系在一起。她提出了以原文与译文功能关系为基础的翻译批评模式，为翻译理论领域提供了崭新的视角。这本书被认为是莱斯功能派理论思想的代表作品，为翻译理论界奠定了坚实的基础。

莱斯借鉴卡尔·比勒对语言功能的三分法，将语篇分为重内容文本、重形式文本和重感染文本三个类型。在安德鲁·切斯特曼的德文版本里，她将这三个类型分别称为信息文本、表情文本和感染文本。一些翻译理论书籍将这三个类型概括为信息型、表达型和操作型。莱斯强调，不同的文本类型决定了不同的翻译方法。每一种语言功能都有一个相对应的语言层面，逻辑功能对应信息层面，审美功能对应表情层面，对话功能对应操作层面。能否传达原文的主导功能是评判译文的重要因素。另外，莱斯主张目标文本的形态应该先由目标语境中所要求的功能和目的决定，功能随接受者的不同而改变。

莱斯的功能类型及其翻译方法超越了字、词、句的层面，力图再造适当的功能效果，以达到交际目的。除此之外，这种分类将文本概念、翻译类型、翻译目的联系在一起，强调任何一种翻译类型都是在特定环境中为特定的翻译目的服务的，这些观点为功能翻译理论的形成奠定了坚实的理论基础。但是，莱斯的理论由于自身的局限性而受到质疑，例如，语言的功能是否只有三种，不同类型文本之间的界限是否如其所言那样分明，仅凭语篇类型来决定翻译的策略是否可行等。换言之，莱斯对文本类型的划分只在译文要实现的功能和原文功能对等的时候才有意义。正因为如此，莱斯的功能对等论不被视为常规标准，而只被当作特殊标准。

2. 弗米尔的翻译理论

汉斯·弗米尔（Hans J. Vermeer）长期从事翻译教学研究工作，是杰出的语言学家。弗米尔在莱斯的指导下研究语言学和翻译理论，突破了莱斯的理论局限，创立了目的论。作为一名有长期翻译实践经验的译者，弗米尔强调翻译不仅是语言符号的转换，而且是一项非言语行为。翻译符号的使用是为了达到一定目的，且会涉及不同的跨文化模式。因此，弗米尔在现代语言学（实用语言学、语言行为论、话语语言学）和美学的启发和影响下，在与莱斯合著的《普通翻译理论原理》一书中提出了以翻译"目的论"为主的基本理论。目的论影响深远，功能学派因此也被称为"目的学派"。目的论坚持三个原则：目的原则、连贯原则和忠实原则。

（1）目的原则被奉为翻译的灵魂，主张翻译方法和策略应当紧密契合翻译行为的目的。目的不仅是翻译的动机，更是决定翻译手段的关键要素。通过将功能性引入翻译理论，目的原则赋予翻译以更加明确的方向，使其不再仅仅是语言的转换，而更是目的驱动的行为。

（2）连贯原则在翻译中扮演着关键角色，其范围涵盖了语篇内外的方方面面。在语篇内，连贯原则要求译文具有逻辑一致性，与译入语表达习惯相符。而在语篇间，译文必须保持连贯，使得在目的语文化和交际环境中能够呈现出意义。这种连贯性不仅仅是语法结构上的，更是在思想和文化传达上的一种连贯。

（3）忠实原则在翻译中发挥作用时，并非简单地追求内容的逐字逐句转换。相反，忠实原则强调译文不得违背原文，但并非要求内容一字不差。忠实的程度则取决于译文的目的和译者对原文的理解。这一原则更注重于连接原文的意义，而非机械地复制其文字。

目的论驱动功能主义翻译理论的崛起标志着翻译研究的转变，从传统的语言学取向转向功能性和社会文化方向。在这一理论框架下，语篇间连贯被看作语篇内连贯的从属，并且两者共同受到目的原则的统领。目的论的出现使得翻译不再被孤立地看待，而是作为一种服务性的行为，更好地适应于各种语境和文化背景，成为功能主义翻译理论的核心概念。

3. 霍茨-曼塔里的翻译理论

贾斯塔·霍茨-曼塔里（Justa Holz Manttari）是德国籍翻译学者和翻译家，她借鉴冯·莱特的行为理论和雷拜因的功能语用学提出翻译行为论，进一步发展了功能派翻译理论。1984年发表的《翻译行为——理论与方法》一书集中体现了她的学术观点。霍茨-曼塔里认为："目的语的文本功能并不是从分析原文文本中自动获得的，而是通过跨文化交际的目的，从语用角度达到目的语文本的功能。"换言之，译文功能与原文功能不同，根据语境做出"功能改变"是译者主体性的体现。功能改变不是例外，而是常态。

此外，霍茨-曼塔里特别重视行为参与者（信息发出者、译者、译文使用者、信息接收者）和环境条件（时间、地点、媒介），她对自己理论模式中参与者的角色做了这样的分析：信息发起者可以是需要翻译的公司或个人，委托人是译者的联系人。原文文本的生成者是创作原文文本的人，但不一定与翻译有关。目的语文本的生成者就是译者，而目的语文本的使用者是具体使用译文的个人。目的语的接受者是目的语最终的受众。从一开始，译者在翻译行为中扮演至关重要的角色，是跨语际转换的专家和任务的执行者。

4. 诺德的翻译理论

克里斯蒂安·诺德（Christiane Nord）在学术思想上深受莱斯的文本类型学的影响。此外，她积极倡导弗米尔的目的论，认同霍茨-曼塔里的翻译行为理论，是功能学派目的论的第二代代表性人物。诺德首次用英语全面、系统地介绍了功能学派的各种学术思想，并针对其不足提出了自己的观点。

诺德的研究领域主要涉及功能主义目的论的哲学基础、语篇分析及翻译类型等。诺德尤其关注对译文接受者的研究、双语能力与译者培训、翻译培训的过程、忠诚原则、决定忠诚原则的因素、译者的责任与地位等方面的问题，代表作有《翻译中的文本分析模式》和《目的性行为：析功能翻译理论》。

  需要注意的是，诺德的"功能加忠诚"原则中的"功能"指的是使译文对译语文化接受者起作用的目的，而"忠诚"属道德范畴，关注翻译活动参与者之间的关系，强调的是译者应当把翻译交际行为所有参与方的意图和期望都加以考虑。诺德的功能加忠诚模式其实是折中路线。理论上貌似完美，可以自圆其说，但在实际运用中困难重重，再加上诺德使用的是语篇分析的模式，这使她最终不能走出对等的局限。

第二章　中西翻译的审美维度

第一节　中西翻译美学体系构建

一、中西翻译美学体系的价值

语言离不开相对性，翻译美学亦如此。因为相对性正是人文性的普遍特征，尤其是价值观问题——涉及文化和美，"价值观"是一个经常被作为讨论研究对象而又容易各执己见的课题，"翻译审美价值观"也是这样。但价值观与价值原则并不是一回事。价值原则指"指导""规管""约定"人们的价值观的若干基本准则，是观念形态的东西，不是价值观本身。翻译有翻译的价值观，也有翻译的价值原则。就英语翻译美学体系而言，价值原则可以概括为"有原则的相对性"——这个"有原则"就是目的语文化适应性，比较具体的说法就是目的语读者接受。

（一）原语的语言形式

翻译审美必然涉及两种语言的形式，语言形式必然涉及语言文化。原语与译语这两种语言文化很可能有很多、很基本的"家族相似性"，如印欧语之间的"家族相似性"就比非印欧语（如汉语）之间的"家族相似性"要多得多、明显得多，其异同之处体现在：①文字系统；②语言形体美设计，即文字体系上的形式美修辞设计；③语言形式及变式上的审美修辞设计（如语音、节奏、音韵、格律等）；④句法结构形式及变式上的审美设计等。例如，李清照的"寻寻觅觅，冷冷清清，凄凄惨惨戚戚""大珠小珠落玉盘"，迄今已有八式刻意模仿，这中间当然也有不错的对应式，至少是有意义的尝试，但没有一式具有可以与原语媲美的感人诗意。

（二）文化审美观念

文化观念是相当复杂的事情，文化审美观念则更难把握。简单化的"二元对立模式"（如归化与异化、直译与意译等）根本不能解决问题。例如，中西方对"龙"的看法就大相径庭，"龙"成为中国人熟悉的意象图腾历史久矣，它的象征含义也各有解释，要在全世界华人中废除龙的象征意义和图像基本上是不可能的。这就不必强迫他人，因为文化有很强烈的传承属性——民族思维和活动的主体性。但无论如何人的审美观念和手段是可以优化、调节乃至完全转变的。人们不妨将"龙"的外形加以柔性化、亲和化。历史悠久的民族审美观念现在已有慢慢接近的趋势，如中西方对"红"与"白"的审美寓意原本也相差甚远，"中国红"近年经常出现在西方的节庆日中。总而言之，审美原则应做到灵活机动。

（三）原语的语义内容

语言中的意义对翻译而言当然是非常重要的，"忠信"（意义上尽可能贴近原文）诚然是一条基本原则。特别是在正式的公文（如外交照会、法律条文、国际协定、合同意向或条款）中，词义要求严谨确切，绝无语义含混之处，自是必然。但就一般文本而言，在文化语境的制约下，意义常有一个"相通不相通"的问题。典故、俗语、双关语、幽默语等常常是翻译中的难点。问题出在意义不相通，这时拘泥于字面意思是毫无意义的。意义把握的方法是译者必须破门而入，领悟到意义整体结构的最深层。文字只是一串迷惑人的符号——或者叫作"幌子"，作者的深情和实意往往隐藏在最深层。

(四) 对于"意"的把握

在中国哲学和美学中,"意"是一个复杂的审美心理范畴,包括意义、意象、意境、意蕴等,其语义涵盖感性和理性;人类最初始形态的"意"是"意识"。对"意"的把握和表现是文学语言、文化审美的难题之一。不同语言中有很多不同的文学描写手法,但是深层意蕴几乎脉脉相通,不同民族文化的人领悟到的意象、意境和意蕴常常不约而同——不同语言文化中的人都会认为其味无穷。例如,唐代李益写过两句诗"门开复动竹,疑是故人来",其中的情致、思绪、情味,对景物描绘之真切,对故人期盼之深切;其中蕴含的意象、意境、意蕴实在很美,东西方的人读起来都会觉得非常清雅,又很实在。

英语里也有很多这种意蕴深刻的句子。例如,"Good friends are like stars you don't always see them but you know they are always there"(良友似恒星,虽不见,常在心),讲得很淡静,但意蕴深深,"实"中有"虚",使人记忆良深。但与此同时,有些情形就远远不是这样了——有时中国人认为"虚"中有可贵之"实","实"中有可贵之"虚",而西方人则认为恰恰相反。其实这都是文化价值观上的差异,容许各有千秋。中国人的许多观念源于农耕文化,而英语文化中的很多观念则源于城邦文化或岛国文化。中西方艺术价值与观念价值"脉脉相通"之处其实很多,但并不相同甚至相悖的地方也常常有。"译者的直观只是对刺激反映的结果,是审美主体态度的产生阶段;联想则具有一定的能动性,需要译者补充译文中可能缺失的审美部分;理解则是译者通过一定的分析与调查,挖掘原语文本中隐藏的文化要素"[①]。译者的原则也只能把握"相对性",善于进行换位思考,以虚实相权、择善从优的对策思想,做出有助于文化的阐释和转换。

二、中西翻译美学体系的性质

翻译作为一种语言艺术和文化交流的桥梁,一直以来都吸引着学者、翻译

[①] 孟慧敏:《英语文学作品翻译中的美学价值》,载《湖北文理学院学报》,2022年第4期,第68页。

家和文化爱好者。翻译的目标不仅仅是简单地将文字从一种语言转化为另一种语言,还包括传达原文的情感、意义、文化背景和美感。中西翻译美学体系是翻译理论中的一个重要分支,强调在翻译过程中注重审美原则、文化价值观和美学体验。

(一)翻译美学体系的理论支撑

中西翻译美学体系的发展可以追溯到20世纪,其理论基础涵盖了多个领域,包括文学理论、美学哲学、语言学和跨文化研究。翻译美学体系的理论主要包含以下方面:

第一,文学理论。文学理论对翻译美学产生了深远的影响。文学理论家如俄国形式主义的弗拉基米尔·普罗普和法国结构主义的罗兰·巴特等,提出了有关文本结构和语言符号的重要观点。这些理论启发了翻译美学体系对文本结构和语言符号的审美考量。

第二,美学哲学。美学哲学研究审美原则和美感体验,这些原则和体验在翻译中也具有重要价值。美学哲学家如康德和海德格尔对审美的思考为翻译美学提供了理论支持。

第三,语言学。语言学研究语言结构和语法规则,这对于翻译的语言层面至关重要。翻译美学体系借鉴了语言学的观点,强调语言在翻译中的美感和表现力。

第四,跨文化研究。翻译涉及不同文化之间的交流,因此跨文化研究对于理解翻译美学的性质至关重要。研究文化差异、文化价值观和文化认同有助于翻译美学的深化。

(二)翻译美学体系的主要观点

中西翻译美学体系强调在翻译中注重审美原则、文化价值观和美感体验。英语翻译美学体系的观点主要包括:

第一,文本的审美价值。翻译美学认为文本不仅仅是信息的传递工具,还具有审美价值。译者应该注重原文的美感,努力在目标语言中保持或再现这种美感。

第二，文化的价值观。不同文化具有不同的价值观和美学观念。翻译美学强调译者需要了解源语言和目标语言文化的差异，并在翻译中考虑这些价值观。

第三，美感体验的传递。翻译不仅仅是语言层面的转化，还涉及情感和美感的传递。译者应该努力让读者或观众在目标语言中体验到与原文相似的美感。

第四，自由与忠实的平衡。翻译美学体系强调了自由翻译和忠实翻译之间的平衡。译者应该在保持原文意义的基础上，根据审美原则和文化背景进行适度的重组和再创造。

中西翻译美学体系是翻译研究领域的重要分支，强调翻译中的审美原则、文化价值观和美感体验，它丰富了翻译理论，为翻译实践提供了有益的指导和启发。翻译不仅是一种语言技能，更是一门复杂的艺术，要求译者在语言转化的同时注重美感、情感和文化因素。通过翻译美学体系的应用，翻译可以更好地传达原文的意义和美感，实现文化之间的有效交流。在不断发展的国际社会中，翻译美学体系具有重要的意义，有助于推动翻译研究和实践的进步。

三、中西翻译美学体系的研究

（一）翻译美学体系的研究内容

对翻译美学的研究有两种可供选择的方式：一是从美学理论出发，换言之，根据美学理论的系统序列来选择课题，展开研究；二是从翻译美学的要求出发，同时兼顾学习者的翻译经验、理解水平或研究目标来选择美学课题。

1. 对翻译的研究

（1）以语言审美及语际转换的审美理论需要为目标，对中西美学理论进行扫描分析，分清中西美学中林林总总的美学观点、理论、模式、流派等，按与翻译美学理论和实务的相关性选择课题。

（2）"翻译美学"设置的目的和目标是以美学为认识论和方法论来观照译学，换言之，"翻译"是"体"，美学是"用"，而不是相反。将审美理论与翻译实践相结合，终极目标则是建立翻译美学，而不是像有些人误解的那样"以翻译为手段去研究美学"。

（3）在课题选择上，根据翻译学的实际需要对美学进行深入、全面的扫描和探索研究，既具有对美学进行整体的、系统的观照的优势，又能充分顾及翻译的基本需要，因而可以使翻译学研究者对美学的认识论和方法论意义有循序渐进的把握，对美学的本体论问题也有一个大体的了解，又没有损及翻译学的系统性，从而使翻译学与美学二者互释互补、相得益彰。

2. 对翻译美学基础的研究

以中西美学的理论框架为依据，对本学科课题进行布局，优点是兼顾了美学理论体系的主体性和完整性，缺点是难以兼顾翻译学基本理论的需要，不可能保证翻译基本理论的相对系统性。对语言审美这个经验性、实践性很强的课题可能产生冲击，而语言审美恰恰是翻译美学的基本任务和核心课题。此时，美学理论固然学了不少，但对如何以审美理论来审视语言美并进行语际转换这一基本任务却可能达不到要求。对翻译美学而言，美学的认识论意义和方法论意义远远大于它的本体论意义，任何学科看待它的相关学科都离不开"相关性"这个本位功利观。如果舍"本"求"利"，这个"利"也是相当有限的。

（二）翻译美学体系的研究方法

翻译美学体系的研究方法是十分重要的，尤其是对初创的学科而言，优秀的方法可以事半功倍。翻译美学体系的研究方法主要包含以下方面：

1. 保持审美理论的时效性、先进性

从语言审美切入研究翻译美学有一个"预设条件"，即：研究者已经具有相当程度的中西美学基础知识，而基础知识则是完全可以靠自学获得的。学习者如果自感眼下美学常识薄弱，也完全可以用两三个月的时间强化阅读，来弥补自身之不足。当然，还可以带着问题来选择审美理论自学。如果是全程自学，制订一项计划是很有必要的。关键是理论结合实际，这里的实际当然是指翻译中的语言审美实际。从翻译审美的角度而言，翻译中可能有以下实际的译语审美操控问题：

(1) 如何判断一个词美,另一个词不美;有哪些标准可循;"语感"是否可靠。

(2) 如何判定这个句式比那个句式更合适,如在哪种情况下被动句式比主动句式更合适;涉及哪种审美问题。

(3) 如何表现一篇文章里蕴含的情感;读了译文,感到译者没有把原作者的欢快、喜悦、哀愁、悲愤等充分地表现出来,其失误在哪里;打算怎样重译。

(4) 如何保证语言的效果;如何判定用这种口气比用那种口气翻译这段话更有效果,如原文用第一人称描写,译者却把它改成了第二人称,是出于哪些原因。

(5) 如何决定一篇译文的翻译风格;翻译风格的选择有哪些原则。

作为译者,必须解决诸如此类的语言审美问题,必须以语际语言审美为目标、以学以致用的理论学习为主轴来组织整个研究计划。

2. 探索相关性和选择性的课题

相关性与选择性是人们对待美学理论的关键词。相关是指与翻译相关,但美学中与翻译相关的地方很多,这就需要选择,换言之,要有比较,从比较中选出对翻译意义最大或较大的理论观点。具体的选择原则有以下方面:

(1) 具有类比性、类推性。有些美学理论或观点与翻译研究者所论如出一辙。例如,"审美标准"问题与"翻译标准"问题实际上很接近,美学家的探索性阐发,显然有助于翻译学。

(2) 具有启发性。有些美学理论或观点很抽象、很"玄",似乎没有任何可操作性,但它们对翻译确实具有毋庸置疑的启发性。

(3) 改建功能。有些美学理论或观点十分深刻,足以改变偏见乃至认识误区。例如,中国文论一向认为"模仿"不足取,而西方美学传统则素来重视模仿的意义,这就使得中国美学"再思考"对模仿的态度失之偏颇;中国美学中的"意象论""意境论"也给英语文化带来了很多启示,对诗歌艺术进行"再思考"。

(4) 实用性强。有些美学理论实用性、操作性很强，很值得翻译学按自身需求加以借鉴。

3. 在翻译实践中渗透翻译审美

从语言审美切入研究翻译美学比从美学理论切入更有效，更符合科学规律。翻译根植于实践，翻译学根植于对语际转换实务的理论描写之中，翻译审美活动属于衍生性活动，不是原生性活动，它衍生于语言审美。翻译之美是语言审美的过程和成果，而不是美学理论的组成部分。美学是研究感性的科学，翻译美学也不例外。为了培养语言美感，应该鼓励学习者研究自己最喜爱的范文，而且最好是双语对照的范文。

4. 加强对描写主义理论的研究

"真知来自实践"，而人的实践经验是一个永远不可能一蹴而就的开放过程。因此，翻译美学必须采取务实的、面对语言文化现实的态度来描写语言审美，来探索语言应当如何加以优化的问题，包括这一过程的机制、特征、结果、条件、变异和效果，从而审慎地推衍出"描写性语言优化规律"。从全局而言，人们也必须遵循并贯彻描写主义的原则来创建翻译的审美理论，创建翻译美学理论体系以及整个翻译美学学科。因此，在研究中要特别强调：①要切实观察语言审美的普遍性和特殊性，审慎鉴别常规实例和特殊实例；②关注文化审美价值观的历时发展和共时发展，实际上，世间没有一成不变的文化审美价值观；③历史地、实事求是地看待美学理论的权威性和相关性问题。

（三）翻译美学体系的研究实践

翻译美学体系的实践应用强调了翻译不仅是一种技术，更是一门艺术，需要译者在语言转化的同时注重美感、情感和文化因素。英语翻译美学体系的实践主要包含以下方面：

第一，文学翻译。文学作品通常包含丰富的文化元素和审美特点。在文学翻译中，译者需要注重原文的文学价值观和美感，以确保读者在目标语言中能够体验到与原作相似的文学感受。

第二，电影翻译。电影翻译涉及语言、视觉和声音的综合，因此审美观点至关重要。译者需要考虑如何在目标语言中传达电影的情感和美感。

第三，广告翻译。广告是一种强调情感和美感的文本类型。在广告翻译中，译者需要注重如何保持广告的吸引力和情感共鸣。

第四，艺术品翻译。艺术品包括绘画、雕塑、音乐等形式。译者在翻译艺术品的相关文本时需要传达艺术家的意图和美感。

四、中西翻译美学体系的适用性

翻译美学体系具有广泛的适用性，适用于不同文本类型和文化之间的翻译。不同文本类型和文化之间的适用性主要体现在以下方面：

第一，文学作品。翻译美学体系在文学作品翻译中具有显著的适用性，因为文学作品通常涉及丰富的文化元素和审美特点。

第二，科技文档。尽管科技文档更注重信息传达，但审美原则仍然适用。清晰、简洁和有组织的文档也具有美感。

第三，法律文件。法律文件翻译需要保持准确性，但在语法和表达方面的审美观点可以提高文档的可读性。

第四，新闻报道。新闻报道需要迅速传递信息，但译者仍然可以考虑如何在目标语言中传达情感和文化价值观。

总而言之，翻译美学体系不仅适用于文学翻译，还适用于各种文本类型，强调翻译的多重维度，包括语言、文化和美感等。

第二节 中西翻译语言审美维度

有语言使用就有语言审美的诉求，有语言审美诉求就有语言使用的规范。于是，语言运用（当然也包括翻译）就有了一个谁也无法回避的交汇点：语言审美。实际上，人类自从进入非原始形态（或"后原始形态"，Post-primitive）的语言使用，就有了语言审美。从表面而言，语言使用只是句法生成的结果，但实际上，句法生成（Syntactic Generation，SG）离不开语言审美优化经验的

"终端认可",人们称之为审美认证(Aesthetic Attestation,AA)。人类语言的审美认证,源于经验,即行之久远的"约定俗成"、即语言"真善美"规范。于是,句法生成与审美认证之间的关系,就如同"骨"与"肉"之间的关系,这种关系就是古代希腊哲学家所说的"语言生命力之源"。例如,句法生成(指按核心句生成)离开了审美优化(意义审美+形式审美),则句子不合格,属于毫无意义的"语言非人文"表现式。

"句法"与"意义"二者相比,起决定作用的还是意义。语言生成与语言审美(意义的"真善美")应该是永远相随相伴、相辅相成的。

第一,语言审美是学习主线。语言美学问题千头万绪,要紧紧抓住语言审美这一切入点,从文字结构、语音结构、词和词句层面、语段和篇章层面以及超语言层级对汉英两种语言的美进行层层扫描和分析,这种从"实"入手的方法,保证了翻译美学理论学习的实践性和可操作性,便于读者从语言的感性认识出发,全方位理解和感受语言之美,并逐渐形成自己的语言审美观。"译者不仅要熟练掌握源语与目的语两种语言,更应该掌握相当的美学理论,尤其是美学思想和审美意识,另外还要兼有翻译创作的灵感"[①]。人的审美领悟始于也基于审美经验,因此从语言审美切入,非常符合美学的基本科学和翻译学作为经验科学的原理。

第二,使用不同方法突出重点。语言审美问题比较复杂,常常不能一蹴而就,因此不得不采取"曲径通幽"的办法。在不同部分和课题中对一些重点问题进行不同角度的讨论,如翻译的"文采论"、翻译的"审美价值论""意象""意境""意蕴"和审美表现中的"择善从优"对策论原则等,采取分散与集中相配合的办法,在不同的课题中,循序渐进、步步深入,便于读者把握。对另一些问题(如翻译的接受理论)则采取了集中突破、一气呵成的办法,力求重点突出,以加深读者的印象。

第三,关注语言审美与翻译审美的价值需求。价值是一种关系(主体需求与客体满足),是客体条件相对于一定的主体诉求而言的,因此它是具体

---

① 杨永刚:《翻译审美及翻译对比美学刍议》,载《内蒙古民族大学学报(社会科学版)》,2015年第3期,第89页。

的、有条件的。具体而言，审美客体客观存在的美必须通过审美主体的观察、了解、体验、分析、感悟、追问、解释和建构才能够表现其价值，这种价值因审美主体需求的不同而不同。

第四，坚持描写主义理论。坚持描写主义，不定规则，而是以求实态度直面翻译中的语言现实和人的审美现实，给读者和研究者提供思考途径和运筹操作策略。翻译审美始于语言审美，成于审美表现，是理论与实践的高度统一。现代生活发展较快，语言现象层出不穷，人对美的要求和表现方式也在不断翻新。因此，翻译美学理论体系永远是一个开放的体系。只要翻译实践还在继续，翻译审美就必然如影相随，人们对翻译美学的诉求、审美研究课题和目标的更新，也要求人们的思维不断深化、不断突破陈规以求创新，以便解决源源不断地摆在人们面前的新问题。

第三节　中西翻译审美的主客体

"对于翻译而言，其审美主体有两个方面，即译者和读者。而在具体的翻译实践过程中，审美主体主要是指译者，因为译者是再现原文审美价值的能动因素。一篇译作如何实现美的价值，这不仅与原文这一审美客体的审美构成有直接关系，而且还受到审美主体即译者自身审美功能的影响。只有审美主体与审美客体相互统一、相互作用，翻译才能实现最终的审美效果，才能得到一篇优美的译文。换言之，翻译审美客体的再现必须要以翻译审美主体的审美功能为基本前提"[①]。

一、中西翻译审美的主体

（一）翻译审美主体的条件

翻译审美主体的条件，具有综合意义，指审美主体具备的能力、素养和发

---

① 常燕：《英语翻译多维视角新探》，北京：中国水利水电出版社2016年版，第155页。

展潜势。英语翻译审美要求译者具有一定的语言艺术经验。艺术气质包括先天和后天两种成分，关键在于后天培养。在天生的基础上经审美经验培育，培育得越辛勤，品位就越高。

人的审美心理结构是后天建立的，由三个部分组成：①智力结构；②意志结构；③审美结构。智力结构和意志结构都是理性的；审美结构则是经验的、感性的，同时也是理性的。审美结构中的艺术气质，通常通过三个方面进行加强，即知识和教育、人文环境的熏陶和文化艺术的亲身实践。

审美经验的积累与审美心理框架的确定构成了翻译审美心理，它需要对源源不断的审美信息进行加工，而且还需要将以往的审美判断作为实例提供出来。翻译审美主体的形成，必须要以审美经验的积累与审美心理框架的构建作为基础，这样才能形成审美能力的相关依据，才能更好地发挥出各种能力，那些积累起来的审美经验才能够发挥校正、引导和指引的作用。

1. 翻译的审美能力

审美能力有"才智""智能"之意。翻译主体有了条件但如果欠缺审美能力，也同样不能投入到富有成果的翻译审美活动中。

认知能力主要就是智力。人的智力是多重的，不是单一的，主要包括：①语言智力；②空间智力；③音乐智力；④逻辑—数学智力；⑤肢体—运动智力；⑥人际智力；⑦内省智力；⑧适应自然智力。

审美能力是有以下三个特点：

（1）审美能力的统一性。这种统一性包括人们对于审美对象的记忆、感知、判断、理解以及推理等。基础是足够的审美经验，丰富的相关知识、健全的审美结构、审美以及创造美的效率都会受其直接影响。

（2）审美能力的特殊性。在人的智能结构当中，特殊能力是其中的重要组成部分，其自然基础是脑功能、感官以及神经系统等生理机制，这需要审美者在后天的生活以及审美实践当中，经过不断的训练、汲取和学习才能积累和形成，这是接受审美信息、传递审美信息、储存审美信息、处理审美信息、加工审美信息、转换审美信息以及再生审美信息的一种能力。

（3）审美能力的表现。审美能力有一种直接的表现形式，那就是审美鉴赏力，也就是审美主体对于审美的敏锐性，对于情感活动的能动性，还有对于审美的判断、理解以及分析的精确性。具有较高审美鉴赏力的人能够深刻、迅速而完整地把握好审美对象的特质，并且对这些特质进行精准解释与描写。培养审美能力的同时也能够打造较好的艺术气质。

2. 翻译的审美感应力

人们对于语言的理解能力直接受到语言感应能力的影响。在对文字进行翻译的过程中，感应审美信息的能力是至关重要的。所以"语感"也被视作"语言直觉"。翻译审美主体所具有的审美感应力包含以下方面：

（1）对目的语中的语意，进行"优化表现"，需要敏感性和追求，操控自如。

（2）对原语文本中的审美信息的理解能力，包括语义信息解码和审美解释能力，以及后续掌握能力。因此语感的基础是对意义的准确把握，没有准确把握意义时的语感有可能并不符合语言符号的所指。

（3）语言审美感应力是审美态度的初始性心理活动的启动者与审美感性的持续驱动者。翻译审美中所涉及的语言感应力，实际上就是与语言审美相关的一种自觉性；翻译审美的对象就是原文文本。审美主体的态度会被审美的直觉性激活，并且当审美主体的审美进入到理智层面时，也会受到直觉的驱动。语感对翻译审美的意义被忽视的原因是人们的审美态度，态度决定了翻译的好坏。

3. 翻译的审美想象力

译者必须具备的审美条件是审美想象力。艺术创造离不开在虚拟中的把握，超脱现实框架制约的现象呈现或意象构建。审美想象力来源是天赋与审美经验，尤其是审美经验，经验需要积累。例如，下面这个语段取自美国作家、文学评论家拉尔夫·瓦尔多·爱默生（Ralph Waldo Emerson）写的著名散文《谈美》：

But this beauty of Nature which is seen and felt as beauty, is the least part. The shows of day, the dewy morning, the rainbow, mountains, orchards in blossom, stars, moonlight, shadows in still water, and the like, if too eagerly hunted, become shows merely, and mock us with their unreality. Go out of the house to see the moon, and it's mere tinsel; it will not please as when it's light shines upon your necessary journey. The beauty that shimmers in the yellow afternoons of October, who ever could clutch it? Go forth to find it, and it is gone; it's only a mirage as you look from the windows of diligence.

译文：人们感觉到或是看到的那些美，在自然界中实际上是微不足道的。例如白天和黑夜的更迭，例如日月的交替，清晨散落在叶片上的露珠，山间的一弯彩虹，还有那些硕果累累的园子，在月光下闪着波光的湖面。如果刻意去追求这些，就会显得造作，看到的种种美景就像幻觉一样，如同受到了一种戏弄。推开门去欣赏月亮，而月亮却是一个铜镜，根本无法感受到月光带给我们的愉悦与欣喜。十月深秋的午后那种熠熠之美谁又能把握得住呢？欲去捕捉和感知，却又飘然逝去！坐在马车的车厢里向外张望，一幕幕的景象如同海市蜃楼。

原语中每句话的理解都离不开想象：原文给人提供了很多虚拟的画面，读者就在那些虚拟的场景中"看到"原作者所说的一切。译者需要把握的意义意象化、意境化，再将意象化、意境化的意义书写成文字表现出来，才能使译文展现出同样的意境。

想象在翻译中的作用具体如下：①根据原语文本描述，使读者在脑海中"描绘出"文字特定的场景、画面、情节、过程、事件、人物等；②根据原语文本作者的呈现，使读者在判断中"识辨出"语言的文化特征，特别是能分析辨别出原作者与译者之间的文化差异，以利于表现；③根据原语文本描述使读者在思维中"领悟出"文字的意义，包括潜在含义；④根据原作者的思路与想象，进行翻译想象。但这种想象是相对的、有选择的，译者不可能不受到语言文化差异的影响。

联想是想象的一种最基本的表现形式，记忆是联想的基础，有了记忆，人的思想就会产生各种丰富的联想。人们经常会将联想错认作一种无序的思维，实际上联想是一种有序的思维，它有着自己特定的路径，感知就是联想路径的起点。主要形式是对比、类比、关联、推导、模拟等。联想对理解的助推作用是显而易见的,译者对上述联想形式都必须熟练掌握,特别是在需要拓展可译性时,可以获得方法论启示。

作为想象形式的联想的艺术感染力,是具有形象(意象)完形功能的,可以代替作家、画家、诗人"执笔",把他们没有、也不可能写完、画完、歌颂完的艺术形象写完、画完、歌颂完,至少可以使它们更加饱满、更加有艺术魅力。例如,莎士比亚的悲剧《李尔王》,这个悲剧的第四场有以下四句话:

  Poor naked wretches, wheresoe´er you are,
  That bide the pelting of this pitiless storm,
  How shall your houseless heads and unfed sides.
  From seasons such as these?

译文:
  衣不蔽体的不幸者啊,无论你们身在何处,
  都要忍受着这无情的暴风雨的吹打,上无片瓦,
  加上饥饿的煎熬,衣服破烂不堪,你们,
  你们又怎能抵挡住这风风雨雨?

这种场景之所以具有心理震撼力,是因为能唤起联想,人们会想到刚刚见到的无家可归者,还会想到以往见到的无家可归者,想到无数的无家可归者,此时此刻,他们正在无情的暴风雨里饱受煎熬。

在进行翻译的过程中,要善于利用"再现性想象"。原文中会涉及各种场景、事件以及人物,在翻译时需要进行遣词造句,这时译者就需要对这些内容进行想象。例如,中文的原文中通常只会说"一艘船",但翻译时就需要做出判断,是游轮,或是渡船,或是木船,或是小型的平底船,或是小型的帆船。例如,唐代诗人张继的《枫桥夜泊》中写到"夜半钟声到客船",那么这里的"船"到底指的是何种船就需要译者自行加以判断。

翻译想象需要遵循三个原则:①抓住原文中的一些特定描写;②抓住原文对于整个背景的特别交代,尤其是通过场景给出的暗示;③充分注意到不同语

言间的文化差异,想象要在文化适应的范围内进行,推断要准确,要慎重。

原创性想象是翻译必须谨慎为之的,翻译的原创是有条件的,译者不能违背原语文本意义的规定性。总而言之,审美想象受主体的情感支配。译者在翻译过程中要保持冷静。

4. 翻译的审美创造力

审美创造力是审美主体非常重要的一种能力。审美原创是审美活动的最终目的,审美原创能力的来源具体如下:

(1)审美态度中的情感、情志及情致的激发。由于有了审美经验的推动,审美体验的激发,审美主体会与客体进行对话,将自身所获得的艺术意象以及内涵加以聚集,当累积到一定程度,主体与客体的对象就会产生相应的结果。

(2)审美客体对主体的激发。要想激发出审美主体自身的审美意识,调动起情感的波动,引发审美的积极态度,审美客体的促进作用必不可少。

(3)审美主体的想象能力,实际上正是客体对主体的激发在后者身上产生的反应。审美主体的创作实施过程可以分为四个阶段:①虚静观览,这是对审美客体的一种观察和审视,其目的是促进审美的完成,是对审美对象的一种直观凝注,从翻译的角度来看就是对原文进行认真的阅读与理解;②主客互动,从翻译的角度来看就是针对原文来不断提出问题,解决问题;③意象形成,对形成的翻译初稿进行反复推敲;④艺术再现,就是对译文不断进行优化。

5. 翻译的审美理解力

翻译学中的"理解",把"意义把握"分为:基础层级、中介层级、综合层级。语言哲学上的"意义把握"指"语言符号的全部所指",包括上下文可能赋予的暗含意义、引申意义和联想意义。翻译美学上的意义把握就是根据语言哲学上的这个意思进行的。第一,基础层级。文本理解,指把握了语言结构所承载的全部意义,常指词、句、段及整个篇章的字面意义。第二,中介层级。超文本理解,指把握了文本语言结构及超语言结构(即超文本)所承载的全部意义和意蕴。第三,综合层级。审美理解,指整体把握了语言结构、超语言结构及文本审美结构共三个层级的全部意义（包括叙述的逻辑性）。翻译的理解必须达到第三阶段，通透地把握了原语，便可以进入翻译的过程。审美理解属于"整体理解"，所以是一种高层级的理解。与认知理解相比，审美理解具有特殊性，两者并不相同，理性与感性结合在一起才能构成审美理解，而认知理解只需要把握其逻辑性，领悟其理念。审美理解是审美主体对艺术的一种领悟，也是对艺术的一种认知。

翻译审美是由主体所具有的理解力决定的。主体所具有的理解力是其对于语义以及相关信息的一种认知和理解，同样也是对各种审美信息的理解。翻译审美理解的显著特性包含以下方面：

（1）感知性。感知性对于翻译审美而言是一种非常重要的特征，审美理解源自感知，而感觉又在感知之前，感知要高于感觉。具有更强敏感性的人也更能深刻、准确而迅速地达成理解。艺术的表象中最重要的是对于感知的提升、深化、集结。对于艺术意象而言，表象是原生态的，也是一种雏形，感觉是这一切的源头，感觉的最终指向必然是感知，是对美的一种特殊感应，这就是美感。

客观事物会对人产生一种"刺激源"，人则会因其反应与感觉相比，感知更加复杂，也更加完整，是对事物的一种综合性的判断，也是对整体事物的一种认知，所以感觉与感觉的简单叠加并不会构成感知，而是需要形成新的品质，需要具备发展的动力，在翻译审美中就反映为审美的经验与态度。

例如，以下文章取自英国著名散文家普里斯特莱（John Boynton Priestley）的作品《初雪》：

> The first fall of snow is not only an event, but it is a magic event. You go to bed in one kind of world and wake up to find yourself in another quite different, and if this is not enchantment, then where is it to be found? The very stealth, the eerie quietness, of the thing makes it more magical. If all the snow fell at once in one shattering crash, awakening us in the middle of the night the event would be robbed of its wonder. But it flutters down, soundless, hour after hour while we are asleep. Outside the closed curtains of the bedroom a vast transformation scene is taking place, just as if a myri-

ad elves and brownies were at work, and we turn and yawn and stretch and know nothing about it. And then, what an extraordinary change it is! It is as if the house you are in had been dropped down in another continent.

  译文：初雪是一件非常大的事，并且还十分魔幻。睡梦中自己身处于一个世界当中，而醒来时却身处于另一个陌生的世界。这些都足以让人沉醉，否则就无法再找到更加沉醉的人了。这一切的发生都是静谧的、神秘的，初雪更显出了它的神秘色彩。如果雪是大张旗鼓地落下，足以惊扰人们的午夜梦回，那么惊喜也就不存在了。而这场雪却趁着人们熟睡之机，徐徐地、无声息地落下。窗外的世界发生了天翻地覆的变化，就像被施展了惊人的魔法，人们翻动了一下身体，懒懒的打了呵欠，缓缓地伸了懒腰，对窗外发生的一切还全然无知。但是这种变化是巨大的，人们的房子似乎掉进了雪的世界里！

  在作者的文章中，初雪是一件非常大、非常奇妙的事，他对雪的描述只是一种体验。读者不必对他的描述进行分析和解析，只需要以一种感性的状态继续读即可。将理性把握和感性把握结合在一起就是审美理解，并且理性是由感性来引导的，这样才能够达成理解。

  （2）直接性。感知性是直接性的来源，当一种东西或事物被感知后，它会令人进入一种理解的状态，也就直接进入一种认知的过程当中。例如，《诗经》中出现的对景物的描写："昔我往矣，杨柳依依。今我来思，雨雪霏霏。"这是一首感兴而发的诗，作者并不需要添加任何文字性的说明，就可以直接达到那种审美的理解。

  （3）复杂性。复杂性指的是审美对象是复杂的，审美的理解能力也是复杂的。审美理解力由五个部分组成：一是有效把握语言的结构；二是有效把握句子的真实意义；三是有效把握文本的意思和内涵；四是有效把握文本以及超语言的含义；五是有效把握文本审美的具体结构。复杂性还包括审美对象的复杂性，在理解的过程中具有反复性，而且还会出现相互交织的情况，对复杂事物的理解是一个渐进的过程，无法做到一蹴而就。另外，这种复杂性还包括审美理解过程的复杂性。人的理解认知过程是普通心理学和认知心理学的研究课题。

翻译过程中涉及的"理解"指的是对情趣、意志、审美的全局性把控,要想顺利完成这个任务并不是一件易事。审美理解是一个复杂的过程,它需要将感知以及感觉输入人们的大脑中,是一个自下而上的过程。这个过程还包括自人的大脑向感知和感觉传导,从而完成对事物的理解的过程,这个过程是自上而下的,具有"反复性"。

(4)多维性。正因为审美对象具有多样性,因此审美理解力也具有多维性。这种多维性主要包括:既有个体又有群体,既有模糊性又有确定性,既有感性又有理性,既有表象又有本质,既有形体又有内涵,既有形式又有意义等。因为审美对象本身所具有的审美结构就不具有确定性,因此审美主体对审美对象的理解也不是千篇一律的。正因为审美对象具有多样性,因此审美主体所表现出来的理解力也是多维化的,最终导致的是翻译审美理解能力更加复杂。

6. 翻译的审美情感操控能力

审美的情感操控能力是艺术家所特有的审美情感,审美感情具有以下特点:

(1)审美心理的其中一种形式就是审美感情,这种感情是经过了长期的社会实践以及审美实践所产生的,是大脑特有的功能。

(2)审美主体与审美客体之间以及审美的内蕴与外感之间都会产生相互的作用,在此基础上审美实践的效果与目的会被统一起来,并且与人的理智以及道德交织在一起,建立起相互推动和制约的关系。审美情感是自发存在的,也具有自控性,还能进行转换,可以对审美对象产生作用,并且对审美对象的情感产生影响,同时还能对他人产生作用,引发审美主体之间的情感共鸣。

(3)审美感情具有一定的审美价值和效用。审美情感需要有一定的客观基础,那就是审美主体的需要以及审美对象所具备的审美物质之间的价值和效用关系,这同样也是实践活动与现实需要之间的价值和效用关系:审美主体特有的自我意识会因审美对象的作用而被激发出来,然后对其价值进行评估,审美主体因此而产生情感方面的体验以及相应的情感表现。

(4)审美情感操控能力具有多种层次、多个维度,情感类型丰富多样,这些情感类型的层次还有着不同的深度与强度。由于有了情感层次的各种变化，人的情感色彩也变得更加丰富多样、更加复杂，所以人类所创造的艺术品才会显得精彩纷呈，而且不会重复。

(5) 审美情感操控能力具有全程性。当审美情感处于直觉阶段时，就已经有了情感的融入，同时随后的想象以及理解阶段也有情感的注入，这是开展审美活动最大的推动力，也使得审美主体的个人意识变得更具多面性。当审美活动进入到终端阶段时，情感就表现出了更强的定型功能。

（二）翻译审美主体的特征

翻译审美主体的完成品是"翻译"。作为一项复杂的跨语言文化认知活动的主体，需具有的审美特征主要包含以下方面：

第一，敏锐的审美判断。主体在对客体做出判断时，必须要与审美的物质相符，分析也要做到客观理性，这是审美判断提出的要求。对语言所进行的审美物质的理性分析实际就是对意义的分析。所以要对意义进行准确的理解，才能形成较为准确的语感。只有通过后天的积极努力，才能获得审美判断力，语言相关的审美判断尤其如此，必须要进行语言审美和素养的专业培养和训练。只有具备了足够的审美经验，才能拥有敏锐的审美判断，要想对语言审美具备足够的感知能力，需要经过异常艰苦的体验和习得。

第二，积极的审美态度。审美主体有一个最基本的特征，那就是审美态度。"态度"源自理性，源自观念，所处的环境、时间、地点，面对的对象都会始终对人的态度产生制约和影响。

第三，开放的审美意识。翻译主体还有一个重要的特征，那就是审美意识，这是一个与心理相关的系统。"意识"是人脑的一种特殊机能，这种"特殊物质"是高度发展的。从哲学的角度而言，"意识"同思维属于相同的范畴。按照心理学的概念，"意识"是一种自觉的特殊心理活动，其中包括情感、思想以及意志。"审美意识系统"还分为三个子系统，这三个子系统能够显示出审美取向，具体包括：①"知"，这是一种认识的过程，从审美意识上来看，可以表现为记忆、联想、想象、感觉、知觉、表象、分析、综合等；②"情"，这是一种情感的过程，从审美意识上来看，可以表现为情绪、心境、心态、共鸣、移情、反感等；③"志"，这是一种意志的过程，从审美意识上来看，可以表现为使命感、目的感等，也是一种毅力与决心。翻译审美的成功与否，是由审美意识系统的功能是否完全发挥所决定的。

第四，灵活的审美表现对策。世界上不存在两片完全相同的树叶，文本也有着各自的表现手法和风格。有的语言淳朴，有的语言清淡，有的语言含蓄，有的语言典雅，有的语言充盈，有的语言明净。人们能够领悟铿锵的声韵之美，也能领悟铺陈的平淡之美，这些美都被称为美的价值类型。在写文章的过程中，作者要懂得变通。翻译的过程中，还要对各种不同文体的文章进行处理。不同文体的文章在相同的审美标准下，存在差异。相对于形式而言，文章内容就是目的。只要形式真正地表现了内容，并展现出来就可以说是美的形式，这是最基本的审美表现对策。

汉语这种语言非常感性，译者必须具备足够的审美自觉，也就是审美的自我意识，涉及汉语的翻译活动必须要突出这种特殊的审美自觉，体现译者的艺术品位与人文气质，增加并提升自己的汉语与其他语言间互译的相应知识及能力。

（三）翻译审美主体的差异

审美主体具有差异性，从艺术的角度出发，表现为一种常规性的差异，这也是事物发展的内部动因。审美主体在个体上存在着很大的差异性，所以审美表现也就会丰富多样。每个人都有着不同的气质，有着不同的能力，所以审美主体也必然存在着不同的个性、不同的气质。正因为每个人都有着不同的气质，所以他们的审美体验、感应以及价值观都各不相同。

二、中西翻译审美的客体

（一）翻译审美客体的作用

考察审美客体的不同功能时，要依据文本的不同语言体式和文体类别等因素。当审美客体进入翻译审美的审视范围时，其作用包含以下方面：

1. 信息提供

信息提供通常作用于包含提供事件、数据等信息的文本，如新闻报道、公文文书等。语言美普遍存在，审美主体和客体之间是对立统一的关系，审美主体进行的审美活动即为斟酌语言和词句。

例如：We will discuss in a little more detail the struggle for existence... I have called the principle by which each slight variation if useful, is preserved, by the term of Natural Selection... The expression often used by Mr. Herbert Spencer of the Survival of the Fittest is more accurate, and is sometimes equally convenient.

译文：我们将会仔细地讨论生存竞争这一问题……对任何有用的细微的变种，我们都会细心地保存。我用自然选择来称呼这个原则……而斯宾塞先生用适者生存来称呼这个原则，适者生存更加贴切和方便。

根据上述句子与语句，其审美标准是：①意义把握准确，使用得当；②语句安排妥帖，句式规范、变化适当；③组织井然有序，逻辑性强；④修辞手法使用得当。

2. 外像描写

对于某些审美客体而言，执着于外像描写是其重要的审美特征。外像是指事物的外部特征。对于景物描写语段的审美问题中国译者历来比较重视，但对人物由外及内和由内而外的"双向描写"则往往未予以充分重视。实际上，中国文学历来重视外像描摹和动作描写，而忽视人物内在的心理活动，这个特点一直贯穿于汉魏六朝的志人志怪小说、唐代传奇小说、宋元话本小说及明清的章回小说。翻译应当摆脱这种局限，重视内外双向描写，才能准确地把握眼前的审美对象。

3. 观念剖析

观念剖析作用的文本大都是议论文，议论文美在服人以真理。因此，语言的运用具有高度的解析力和说服力，感性表现可以对此加以强调。于是，审美焦点就变成了有利的用词和有气势的文句。

例1：Selflove, kept within due bounds, is a natural and useful sentiment. It is, in truth, social love too. As Mr. Pope has very justly observed: it is the spring of many good actions, and of no ridiculous ones. But selfflattery is only the ape, or caricature of selflove, and resembles it no more than to heighten the ridicule. Like other flattery, it is the most profusely bestowed and greedily swallowed, where it is the least deserved.

译文：适度自爱是对人体有益的情感，它是一种自然的具有社会性的爱。蒲柏先生用正确的手段指出过，许多良好行为都是由自爱产生的，自爱并不荒唐。但是不能够自吹自擂，自吹自擂是一种惹人发笑的、对自爱的曲解。如果说它和自爱有相似的地方，简直是荒唐！和其他恭维奉承一样，这种自吹自擂给予时最慷慨，接受时最贪婪，而实际上最名不副实。

例2：That there is a natural difference between merit and demerit, virtue and vice, wisdom and folly, no reasonable man will deny: Yet it is evident, that in affixing the term, which denotes either our approbation or blame, we are commonly more influenced by comparison than by any fixed unalterable standard in the nature of things...

译文：优点与缺点、智慧与愚蠢等二者都有着天然的区别，有理智的人都不会否认这个区别的存在。不过很明显，如果人们选定一个词来进行赞成或指责的话，对二者进行比较不可避免，这并不能说明事物在本质上具有固定标准……

例3：Men have in fact obtain more power over matter, but to change it is impossible. It may be said that all works of art, all ideas of life, all philosophies are "As if", but I am suggesting that they can be checked with an objective reality. They might be called propositions for truth and their truth can be decided by their correspondence with the real. Man can't change the elemental characters. If you could, the world would probably vanish into nothing.

译文：的确，人获得了对物质的更多的权利，但要改变物质则不可能。也许有人会认为，"假如"是所有的生活理想、艺术品及哲学理念的基础。但我认为客观现实可以检验这一切。与现实相符合的程度可以用来判定真理的真实性。人不能对事物的基本性质进行改变，如果能改变事物的基本性质，世界也许会在人类眼前消失。

议论文作者需要对内容的真实性予以保证，除此之外，形式上的美也需要关注。有许多作者会对文本的修辞、气势及风格十分讲究。

4. 启发感悟

"情"是感悟，启发表达为理念上的以及理性的感慨手段。审美主体如果有深厚的感悟，就会抒发情怀，往往能高屋建瓴，仿佛在与民族和历史人类进行对话。例如，中国文学史上最典型的感悟诗，唐代陈子昂的《登幽州台歌》：

前不见古人，后不见来者。
念天地之悠悠，独怆然而涕下！

清代黄周星编的《唐诗快》对这四句诗的评论是这样的：子昂有万古的胸怀，眼底却无法留有一人。这种评论不是夸张，陈子昂是当时少有的成大器者，只不过生不逢时，没有遇到知音。诗人为陈子昂愤愤不平，抒发自己无限的感慨。下面是陈子昂诗的译文：

None of the ancients before my time,
And none of the generations to come.
Speechless before the universe untold,
Alone, tears in my eyes hard to withhold.

（二）翻译审美客体的特征

第一，审美感性。这种审美客体属性是最普遍的，审美客体属性是美的外在表现，也叫形象表现性。例如，道德是理性观念的一种，所以道德本身并不具备美的特点，它具有的只是美的内涵，道德并不能通过外在的表象进行美的表达，只有和外在现象统一时，道德才是美的。自然界当中的景物很美，如朝阳，只有将朝阳这个概念统一到自然界的美当中时，朝阳才是美的。物品的审美性是通过外在来表现的，审美客体属性最重要的表现则是形象表现。

第二，审美感应力与审美召唤力。审美主体会期待审美客体的美感，得到审美的满足，主要原因有：①审美客体具有审美素质，十分地吸引人，主体可以从中看到自己的审美理想。②审美期待具有悬疑的特点，可能会带来悲剧或喜剧化的效果，二者都是戏剧性的体现，主体能够从中获得满足感。

第三，审美价值承载能力。审美客体的本质决定了审美具有价值承载力，它能够承载审美价值。如果破坏了语言文学作品的内容，作品就失去了艺术价值。

第四，审美客体的美可以比较，但不可以量化。审美客体的美，尽管属于同一形态、同一类型，也是不可以量化的。一般而言，不论文体、不论题材，值得翻译的文本都可能成为审美客体。但是翻译的审美客体情况比较复杂，要求全面考察。翻译美学的两个审美客体：①原语具有审美价值的文本；②译语具有审美价值的文本。为了对文本意义中的审美价值进行准确把握，译者需要完整地审视原文作者，对作者的其他作品进行了解。

译者很有可能需要对以下审美客体进行一定的审美审视：原语具有审美价值的文本、互文参照、人文参照、社会历史参照、译语具有审美价值的文本等方面，对互文参照、人文参照、社会历史参照、译语进行审视的目的是全面地观察原文的审美信息。

无论是在原语中还是在译语中，翻译审美客体的能力都必须基本对应、相互制约。译语可以对具有审美价值的文本进行转换，审美客体中的文本应当具有这种特性。译者无法避免在翻译审美客体时出现相对主观的规定性：客体要求主体能够对自己进行理解和处理，是以了解自身基本面貌为基础的，主体在对客体进行理解和处理时，常常按照自己的规定。

(三) 翻译审美客体的结构

原文文本是审美的客体,任何一个原文文本都有相同的内在结构体系,具体包括:逻辑关联、审美信息、语言文字结构。其中,审美客体的整个基础构架是语言文字结构,内容的实体结构是语义结构,语义结构能够带来语言美。语言美的哲学依据则是逻辑结构,文本需要具备逻辑规范。审美模块是翻译审美所要关注的重心,翻译审美对翻译操作的整体观进行提倡,不仅要顾及修辞的表面,还要考虑语言的结构和意义、逻辑等,也就是唯美派。

(四) 翻译审美客体的形态

一方面,物态审美客体。物态的审美客体包括:①进入人的审美观照的自然景象与景物;②统称为"形式"的各种存在(如有美感的圆形、方形、线条、色彩、声音、节奏、气味、质地等);③人的有美感的形体因素,如面容、体型等。另一方面,审美化精神活动成果。这类客体包含艺术创作、文艺活动等,除此之外,人的高级精神表现也包括在内。翻译审美的客体——文本属于审美化精神活动成果。主体审美对象就是审美客体,审美主体的规定性也在这个客体当中体现出来,这个基本属性是所有审美客体都具备的属性。

(五) 翻译审美的转换障碍

审美转换障碍是指语际审美中的跨语言文化审美转换障碍。语言中的审美信息涉及"音、形、意、情、景、色、象、境"八个维度,还涉及语法形态和语法手段的表意问题。翻译美学对这个问题没有硬性的答案。语言审美语际转换障碍是一个非常复杂、非常值得从多层面加以研究的问题。包括需要深入探讨的理论问题:①意义(意蕴)的审美形象表现的跨文化转换条件及障碍,在翻译中有很多不同对策;②研究比较审美价值观;③研究比较英汉审美情感,比较的视角是价值观视角,对英汉审美情感的异同进行广泛的对比研究,联系着翻译审美表现法;④表现翻译审美客体的形式。

第四节　中西翻译中的审美再现

一、中西翻译中的审美再现过程

翻译审美的创作实施过程可以分为四个阶段：①虚静观览，以审美为目标对客体进行观察，以直观凝注审美对象，对翻译而言就是潜心的阅读理解过程；②主客互动，对翻译而言表现为不断就原文提出疑难问题、解决疑难问题；③意象成形，反复推敲形成的译文初稿；④艺术再现，对翻译而言就是提出优化的译文。英语翻译中的审美再现就是落实到跨语言文化的审美表现。翻译审美表现的终极要求是尽心尽力用译语去再现原语中的美。翻译美学是为译语择善从优的审美表现而努力的。

在英语中，"审美表现"与"审美表象"都是"aesthetic representation"，但在汉语中，二者的意义是不一样的。"aesthetic representation"最好译为"审美再现"，侧重点落在双语的转换过程和表现结果上。

"表象"原本是个哲学术语，"审美表象"的基础是感知，由感知形成具有一定概括性的感性形象，就是"审美表象"，用英语来解释就是"image vividly retained in memory"（生动地保存在人的记忆中的意象或形象）。因此，表象是审美心理活动中从"意象或形象保存"到"意象或形象再现"的一种过渡形式，以某种经过选择的形式再现出来，人们称之为"艺术再现"。在人的审美心理活动中是先有头脑里的审美表象，再有语言中的审美再现。

二、中西翻译中的审美再现方法

（一）翻译时的英语审美表现法

英语流通使用版图极为广阔，文化沉积相当深厚，审美价值标准与汉语的不尽相同。英汉同样是具有悠久历史的语言，存在差异的基本原因如下：

第一,"字"的个体结构方面。构成语言的基础单位是字。而且在英汉文化中,字体结构上的差异也非常大。虽然汉语的字和英语中的 word 都是字的含义,表示的功能也一致,但是二者地位却有着较大差异。从语言美的构建和生成角度而言,汉字作用是英语的 word 所不能比拟的,汉语中的字不管是在构造形态上,还是在结构美态上,都比 word 要更具有优势,更容易形成对称美和对仗美。而且汉字本身具有非常独特的意象美,而英语的 word 仅仅是一个符号代码而已,是自然形成的一种约定。

第二,英汉文字的产生都经历了一个非常漫长的时期,其文化传统也有着非常显著的差异,特别是历经各个时期语言美的沉淀和打造,虽然在表现手法上有所差异,但这两种语言都各具特色、各有魅力。这也就在翻译中出现了新的技巧,即对策论思想,这种思想立足于英汉两种语言各自的特色,从而体现出它们各自的魅力和审美意识。

英语语言美的形态有三个结构层次的体现,而且各个层次的表现方法各有不同。一般而言,词语级体现在第一个层面上,句法级体现在第二层面上,语篇级体现在第三个层面上。对英语的审美表现手法,都是从这三个层面出发的。对这三个层面进行审美方法的研究和探索,对于翻译审美水平的提升具有重要的推动意义。

(二)翻译时的汉语审美表现法

汉语文章对表现手法的运用非常重视,一些章法和观念沿用至今,其操作性和生命力都非常强大,这是中国数千年文化和审美意识的聚集,更是数千年文学创作中审美经验的传承和发扬。汉语文章中采用的表现手法可以总结为七个模式,具体如下:

第一,立意。即明确创作的思想,理清思路,这是创作的基础任务。而对于翻译工作而言,就需要先对原著的思想和意义进行整体把握,甚至是对超文本的内涵也要有一定把握。除此以外,立意还要体现出原著的中心思想和主旨。翻译前要对原著内容进行深入的了解和把握,若是译者不能很好地把握住原著的中心思想,那就无法将这种主旨思想传递给读者,导致读者读后不知所云。当然,译者不仅要理解原著的意思,了解作者的创作意图,同时还要对文章思路进行梳理，才可能以目的语的表达习惯和思维方式进行创作翻译。

第二，辨体。"体"在汉语中主要是体裁的意思，而在英语中一般是指语言形式。在进行翻译之前要明确好两个问题：一是原著的功能、类别和等级均是什么，并确定好体裁是议论文或是叙述文，相较而言，议论文更为正式和严谨，至于其他文体就更容易区别了；二是明确原著体裁，翻译过程中不能忽略原著的这一项本质特点。

第三，谋篇。谋篇是要对句段进行结构性创作，保证文章的整体布局和组织结构都符合要求。译者若是发现原著中组织程序有所偏差的话，也可以进行适当补充、删减或者修改等，使文章整体布局更为合理。英汉文化差异导致文章结构会出现结构形态差异，在翻译过程中没必要全部按照中国化的思维进行，最主要的是把握一个度，让整体结构维持在一个平衡的状态。

第四，蕴意。蕴意要求对文章的含义进行深化和升华，使文章整体上更具可读性，避免过于粗俗，并对原著所创造的意境进行拓展和深化。文艺题材的文章，其本质就是意象的创作，但意境有时也会有所缺失。意境需要结合各种意象，从而达到一种艺术境界的体现，所以需要译者在翻译过程中对原著意境进行深入和细致的体会，这样才能在翻译过程中有所突破和创新，才能创造出有思想、有内涵的译文。

第五，炼字。用词是创作中最基础的工序和前提。在词语上要做到三个标准，即精、美和准。而在此基础上进行扩充的话，就是炼句，也就是要可以从句中看出中心思想来，看出意境来。若意境无法确定，那么用的句子也肯定会出现问题，从而造成语法结构上的错误和偏差。

第六，改疵。改疵主要是对文章中的错误和偏差进行修改和完善。翻译过程中，错误和偏差是不可避免的，因此这步工作也不能忽视。从翻译角度而言，这一步工作的主要目的是确定译文和原文的语义要一致。要遵循的准则是：①文章用词要精练，一目了然；②表达要通俗自然；③语言要生动有趣。

第七，定格。"格"就是风格、气韵和风味等，是文章所体现出来的功能和类别的不同，要求在翻译时坚持实事求是的原则。

三、中西翻译中的审美再现调节

交流中的意义输入与意义表现通常不是一回事，原因是交流中的意义受制于语用目的，表现上必须加以调整，经过调整后的意义表现为承载语用目的，因而叫作语用输出。审美调节属于语用输出中的调节。译者在审美理解中的失准乃至失误都是有可能的。在文本视听符号解码、句法结构形态解码、意义—意象—意境含蕴解码、风格审美解码、文化特征解码等环节，译者都不能保证他的初始状态的理解完全准确到位，连最佳骑手都有遭遇马失前蹄的时候。这时的审美调节就非常必要了。王维的诗句"深林人不知，明月来相照。"写的是自然景象中的状态，与原诗中潜隐的"我"并没有直接关系，这种将"人"的主语潜隐的手法，目的在突出"物"的意境，在汉语中很普遍。译者把"我"潜隐一半，就形成了下面的结构调节：

No ear to hear me, save my own,
No eye to see me, save the moon.

但在"深林明月"中，"深""明"相互映衬，是王维此诗中的重要意象，译者的英译使这个"深林"意象残缺，这样一来，潜隐之美的强度就难免减弱了，在审美上是个意象与意境的把握问题。

下面所论的是英格兰的一首著名的民歌，其语言具有鲜明的民歌特色：

Are you going to Scarborough Fair,
Parsley, sage, rosemary and thyme,
Remember me to one who lives there,
She was once a true love of mine.

Tell her to make me a cambric shirt,
Parsley, sage, rosemary and thyme,
Without no seams nor needle work,

Then she will be a true love of mine.

Tell her to find me an acre of land,
Parsley, sage, rosemary and thyme,
Between salt water and the sea strands,
Then she will be a true love of mine.

Tell her to reap it with a sickle of leather,
Parsley, sage, rosemary and thyme,
And gather it all in a bunch of heather,
Then she will be a true love of mine.

Are you going to Scarborough Fair?
Parsley, sage, rosemary and thyme,
Remember me to one who lives there,
She was once a true love of mine.

诗中有很多语句结构上的跳脱，这是民歌为凸显节奏形成的特点。另外，如双重否定等语言的非规范性也常常见诸民歌民谣，这一切需要加以必要的审美调节：

你要去斯卡布罗集市吗？
别忘了那里的西芹、洋苏叶、女贞香和百里草。
斯卡布罗住着一个人，别忘了代我向她问好。
只因为她是我曾经的真爱，她知道啊，她知道……

请她给我做一件麻布短袄，
别忘了那里的西芹、洋苏叶、女贞香和百里草。
不用穿针，不用引线，不用裁也不用剪，

只因为她是我曾经的真爱，她知道啊，她知道……

请她给我找一块地，
别忘了那里的西芹、洋苏叶、女贞香和百里草。
就在那咸咸的水洼和海滩之间，
我曾经的真爱，她知道就在那儿天造地设……

请她收割时用老牛皮做的镰刀，
别忘了那里的西芹、洋苏叶、女贞香和百里草。
用石楠叶搓根绳将割下的茎茎草草捆起来，
只因为她是我曾经的真爱，她知道啊，她知道……

你要去斯卡布罗集市吗？
别忘了那里的西芹、洋苏叶、女贞香和百叶草。
斯卡布罗住着一个人，别忘了代我向她问好。
只因为她是我曾经的真爱，她知道啊，她知道……

诗中有很多语义跳脱和语言结构跳脱，影响对原语的理解，因此翻译中的审美调节在所难免。

此外，对原语风格的把握及表现的力度和精微度的调节也是重要的环节之一。风格调节的最高境界是确保原著令人难忘的余味、余韵。风格把握绝非易事，犹如一个人的风韵气度，可感而不可言。译者必须细心分析原作者与文章，掌握文中的种种风格标志，聚焦为某种基本特征，并随时准备加以调整。

第三章 中西翻译的文化视角

第一节 文化对比视角下的中西翻译

一、色彩文化对比视角下的中西翻译

"颜色词汇指的是固定的、对事物进行客观描述的颜色符号。由于中西文化背景不同,英汉颜色词汇的文化内涵也不尽相同"[①]。在翻译英汉颜色词汇的过程中,译者可以采用直译法、转译法、增词法、省略法、解释性译法。

(一)色彩翻译的直译法

翻译英汉颜色词汇时,当颜色词表示基本的直观含义时,一般可以采取直译法进行处理。例如:

green tea 绿茶
grey uniform 灰制服
white flag 白旗
yellow brass 黄铜

[①] 李雯、吴丹、付瑶主编:《跨文化视阈中的英汉翻译研究》,长沙:湖南师范大学出版社2018年版,第136页。

red rose 红玫瑰
yellow fever 黄热病
black list 黑名单
green consumerism 绿色消费
double-yellow-line 双黄线
Red Cross 红十字会
blood red 血红
as red as a rose 红如玫瑰

（二）色彩翻译的转译法

英汉两种语言中有一些颜色词，其感知的色彩印象有所不同。源语与目的语都有其自身的表达方式，具有明显的文化差异。在翻译这类颜色词时，应首先了解其基本含义，在此基础上结合文化内涵，采用转译法进行翻译，也就是根据译入语的表达习惯改换颜色词进行翻译。例如：

black tea 红茶

由于茶叶是黑色的，因此西方人称为 black tea，但是泡出的茶的颜色为红色，因此应采取转译法，将 black tea 译为"红茶"。
类似的例子还有很多，例如：

brown sugar 红糖
brown bread 黑面包
red sky 彩霞
black bamboo 紫竹
turn purple with rage 气得脸色发青
one's face turns green 脸色变白

（三）色彩翻译的增词法

在翻译过程中，如果源语中所表达的隐喻意义或象征意义难以在目标语中找到相对应的表达，译者可以采用增词法使作者的思想准确地传达出来。例如：

  make a good start 开门红

  good luck 红运

  white coffee 加奶咖啡

  red-letter day 重要的日子

  red tape 繁文缛节

（四）色彩翻译的省略法

在一些固定的搭配词组中，很多表示颜色的词汇不再含有色彩的意义，对这类颜色词进行翻译时可以采用省略法，即将原文的颜色词省略不译。例如：

  green power 有钱能使鬼推磨

  green as grass（as）初出茅庐的、容易受骗的

  go between 红娘

  all round victory/success in every field 满堂红

（五）色彩翻译的解释性译法

在翻译一些具有文化内涵的颜色词时，可以采取解释性译法，从而使读者更好地理解其文化背景。例如：

  Black Tuesday 黑色星期二

  a red paper envelope containing money a gift, tip, or bonus 红包

综上所述，在翻译英汉颜色词时，译者不仅要考虑文化共性的相应性，更要注意文化个性的冲突。在对颜色词进行准确理解的前提下，考虑其文化内涵，并关注源语颜色词的基本意义与文化引申义，选择恰当的翻译方法，提高翻译的质量。

二、数字文化对比视角下的中西翻译

中西数字所承载的文化内涵体现出很大的差异，因此在翻译时，译者除了要了解数字的基本含义之外，还应准确地把握其文化含义，采取恰当的翻译方法。概括而言，中西数字文化翻译主要可以采取下面一些翻译方法：直译翻译法、改写翻译法以及解释性翻译法。

（一）数字的直译翻译法

在英汉数字文化翻译中，直译翻译法是最简单、最省力的方法。直译翻译法，即保留原文中的数字直接进行翻译的方法。例如，A drop in a ocean 沧海一粟、Reach the sky in one step 一步登天。

（二）数字的改写翻译法

无论是英语还是汉语中，都有一些数字具有特定的文化背景或特定的语言表达习惯，在翻译这类数字时，可以采取改写翻译法，使译入语读者更好地理解原文所表达的意义。在翻译英汉数字时，改写翻译法主要包括以下三种情况：更换数字、减少数字、增添数字。

第一，更换数字。由于存在文化差异，英汉两种语言中的数字表达并不完全对应，这时可以根据具体情况转换原文的数字来进行翻译。例如，

    Think twice 三思后行

    In threes and fours 三三两两。

第二，减少数字。有时，在对英汉数字进行翻译时，可以采取省略法，即

原文中的一些数字省略不翻译，以符合目的语的语言表达习惯。

第三，增添数字。在翻译过程中，有时可以在译文中增加一些数字，从而使译文表达更为形象、生动。

(三) 数字的解释性翻译法

解释性翻译法多用于翻译英汉数字习语。具体而言，在翻译英汉数字习语时，应先将字面意思翻译出来，然后添加注释予以说明，从而使原文的比喻形象得以保留，同时忠实地再现原文的含义。

数字不仅用于计数，同时还蕴含着丰富的文化信息，形成了特有的数字文化现象。在英汉数字文化翻译时，译者对英汉语言与文化的了解和把握是准确传达数字含义的前提。

三、称谓文化对比视角下的中西翻译

(一) 中西称谓文化的对比

1. 社交称谓文化对比

(1) 普通称谓差异。普通称谓是指那些常规使用的，不涉及年龄、工作、地位，数量较少的通常称谓。在英文中，普通称谓有 Mr.、Miss.、Madam、Lady、Ms.、Mrs. 和 Sir。

第一，Mr. 可以与姓什么或整体姓名联合使用。是对无职位者或不了解职位者的称谓语，较为正式，非亲密用词。

第二，Mrs. 是对已婚女士的称呼，通常要与其丈夫姓什么和结婚后姓什么联合使用。

第三，Miss. 是对未婚女士的称呼，通常要与其姓什么联合使用，语气较为严谨，表现出的亲密程度一般。

第四，Ms. 是一个对女士的尊敬称呼，由 Mrs. 和 Miss. 两个词组合而来。Ms. 的由来和西方习惯重视隐私、对婚姻状况保密这一习俗有相当关联。因此，对于婚姻状况不明的女性可以用 Ms.。

第五，Madam 和 Sir 是一组对应的尊敬称呼，一般泛指公众场合男士、女士，常常不和姓氏连用，表现出的亲密程度一般。

第六，Lady 也是一个对女士的尊敬称呼，寓意高贵，意为"淑女""尊敬的夫人"。

汉语中对应的称呼有：①阿姨是对与妈妈相仿女士的称呼。②太太、先生前面加上姓什么，直接称呼。③伯伯、大爷、大叔、大妈等是一种广泛称呼，来源于类比亲属。

（2）头衔称谓差异。英汉语中皆可将职业、地位如工作、职务和技术级别等作为称呼。英文中的地位称呼应用范围不多，仅有博士、医生、教授称呼，也有表达敬意的成分。这些称呼可以单用，也可以和姓氏联合使用。

汉语中的头衔称呼相对更复杂。在汉语中，大多数工作、技术级别和职务等，不论其高低都可直接简单作为称呼，不附加其他，也可与姓氏连用，如钱区长、王主任、孙会计、张医生、李护士、周老师等。

（3）拟亲属称谓差异。类比亲属称呼是亲属称呼词的变种，经亲属称呼语演化而来。类比亲属称呼的作用是表达对被称呼人的敬意。汉语中常采用类比亲属称呼，在英文中不常用。

在汉语中，常常把和自己长辈岁数相仿的人，称为大爷、奶奶、大妈、大娘、大伯、伯母、阿姨、叔叔等。这些称呼有几种关键词，如爷、婶、奶、伯、姨、妈、娘、母、叔等。例如：

第一，"爷"用于尊称爷爷辈和年纪与爷爷相仿的男士，如大爷、王大爷、李爷爷等。

第二，"奶"用于尊称奶奶辈且年纪和奶奶相仿的已婚女士，如奶奶、老奶奶、王奶奶等。"伯"用于敬称父亲辈且年纪比父亲大的男士，如伯伯、张伯伯等。

第三，"娘"用于敬称妈妈辈且年纪和妈妈相当的已婚女性，如大娘、赵大娘等。"伯母"用于敬称母亲辈且年纪与母亲相当的已婚女性。

第四，"叔"用于敬称爸爸辈且年纪比爸爸小的男性，如叔叔、李叔叔等。"婶"用于敬称母亲辈且年纪比母亲小的已婚女性，如大婶（儿）、李婶（儿）等。

此外，同辈人之间也有拟兄弟姐妹的称呼。例如，对非亲属关系的中年男子可称"大哥""老兄""兄弟""老弟"，对非亲属关系的同龄成年女士可称"大嫂""大姐""妹妹"。

2. 亲属称谓文化对比

英文亲戚称呼很简单、不精确，汉语亲属称呼则相当精确、详尽。按分类划分，英语称呼系统为类分型，汉语亲属称呼系统属于叙述式。英语亲属称谓系统简单而粗疏，所以属于类分式称谓系统。类分式称呼系统是以家庭地位来对家庭成员进行类别区分的，血缘关系见表3-1①。

表3-1 以辈分对家庭成员的分类

父母辈	兄弟姐妹辈	子女辈	祖父母辈	孙儿孙女辈
父亲、母亲及他们的兄弟姐妹和堂、表兄弟姐妹	自己及自己的亲、堂、表兄弟姐妹	自己的儿女及他们的堂、表兄弟姐妹	自己的祖父母及他们的兄弟姐妹和堂、表兄弟姐妹	自己的孙子、孙女及他们的堂、表兄弟姐妹

由上表可见，爸妈、兄弟姐妹、儿女、爷奶、孙子、孙女辈分上称呼都具体化了，其他亲戚无具体精准的称呼。例如，在父母辈中，爸爸用 father，妈妈用 mother，对父母弟兄姐妹则一律用 cousin。另外，英语中同辈亲戚称呼无大小之分，如 brother 既可以为"兄长"，又可以为"小弟"，uncle 既可以为"伯伯"，又可以为"叔叔"等。可见，英语亲戚称呼系统不会区分爸爸或妈妈方面，而仅区分辈分即可。因此，英语中仅有13个亲戚称呼名和个别形容词。

汉语亲戚称呼系统详尽而全面，属于叙述式系统。其构造层次依据为上古传承的"九族五服制"，既含有由血缘关系产生的亲属群体，也含有由婚姻关系产生的配偶亲属群体。因此，汉语中的亲属称谓详尽且精确，可以判别直系亲戚和他系亲戚、妈妈方面和爸爸方面亲戚，也能区分年龄大小。

（1）血亲姻亲差异。英语亲戚称呼系统在婚姻和血缘亲戚称呼之间无明确的界限，如英文中爸爸的兄弟、妈妈的兄弟皆可用 uncle 一词来表达。

---

① 胡蝶：《跨文化交际下的英汉翻译研究》，长春：东北师范大学出版社2018年版，第174页。

汉语言中遗留了封建社会的痕迹，中华民族尤其重视血缘亲戚裙带关系。如叔叔（血缘亲戚称呼）、妹妹（血缘亲戚称呼）、姐夫（婚姻亲戚称呼）、弟媳（婚姻亲戚称呼）、叔叔（血缘亲戚称呼）、哥哥（血缘亲戚称呼）、姑父（婚姻亲戚称呼）等不同的尊称方式。西方人以自由和平为目标，西方家庭的亲戚都是平等的，互相沟通也很自然。因而英语中的亲戚称呼一般和姓氏连在一起。

汉语则截然不同，中国自古以来就有敬重长辈的传统品格，表现在称呼上自然也是用尊称来表示尊重。如中国人称呼亲戚中的长辈时使用敬称，对不具有亲属关系的长辈，采用亲戚称呼来敬称，如王大爷、张阿姨等。

（2）宗族观念差异。英汉称呼蕴含一定宗族观念，具体表现为英语称呼中的宗族观念较弱，汉语称呼中的宗族观念较强。

西方人追求个性解放，所以宗族观念不太明显。这一特点在亲属称呼中体现得尤为明显。英语中的 uncle、aunt、cousin 不能表示长幼次序，这种模糊的表达说明西方人对待宗族关系看得没有中国人那么重。

汉语中有很强的宗族观念，并且这种观念常与姓氏相联系。例如，伯叔与姑母属于爸爸方面的亲戚，舅舅与姨母则属于母亲方面的亲戚，因而伯叔的子女则加上"堂"，表示其与称呼者"我"属同一宗族姓氏，姑母的子女和舅舅、姨母的子女则加上"表"，表示其与称呼者"我"的姓不同，不属于同一个宗族。汉语亲戚称呼能明确体现出称呼与被称呼者之间的关系，而英语中的 uncle、cousin、aunt 等则不能表达得这么准确。

（3）长幼辈分差异。英语亲属称谓语仅有表示祖孙三代的词语与汉语的相对应，即 grandfather、grandmother、father、mother、son、daughter、grandson、granddaughter。而在表达祖父的爸爸或孙子的儿子时，就要加上形容词 great，或将 great 与 grand 叠加使用，如 great-grand-father。一般而言，英语亲戚称呼的长幼之分都很不明确，不会像汉语加上数字排行的称呼。

中华民族的亲戚称呼是相当精确的，会因辈分的差异而迥异。现代亲戚称呼中的 23 个核心称呼是子、女、兄、弟、母、父、夫、妻、姐、妹、嫂、媳、祖、孙、姨、侄、甥、岳、婿、伯、叔、姑、舅，并且都有辈分含义。另外，中国人长辈和晚辈之间的称呼也是很仔细的，长辈可以直呼晚辈的名字，而晚辈则不能这样做。

另外,即使是同辈的亲戚,互相之间的称呼也会因年龄大小而迥异。如,古代媳妇称丈夫的哥哥为"兄公",叫丈夫的小弟为"叔",叫丈夫的姊姊为"女公",叫丈夫的小妹为"女叔"。

(二)中西称谓文化的翻译

1. 亲属称谓翻译

(1) 父母辈称谓翻译。对英汉语言中父母辈称谓可以直接进行翻译。请看下面译例:

例如:当下贾母一一指与黛玉:"这是你大舅母;这是你二舅母……"

(曹雪芹《红楼梦》)

译文:"This'she said you're your elder uncle's wife. This is your second uncle's wife..."

(2) 子女辈称谓翻译。在翻译英汉语言中的子女辈称谓时,可以采用字面翻译法。请看下面译例:

例如:有日到了都中,进入神京,雨村先整了衣冠,带了小童,拿着宗侄的名帖,至荣府的门前投了。彼时贾政已看了妹丈之书,即忙请人相会。

(曹雪芹《红楼梦》)

译文:In due course they reached the capital and entered the city. You can spruced himself up and went with his paces to the gate of Rong Mansion, where hehanded in his visiting card on which he had styled himself Jia Zheng's "nephew".

(3) 兄弟辈称谓翻译。

例如:黛玉虽不识,也曾听母亲说过,大舅贾赦之子贾琏,娶的就是二舅母王氏之内侄女，自幼假充男儿教养的，学名王熙凤。黛玉忙陪笑见礼，以"嫂"呼之。

（曹雪芹《红楼梦》）

译文：Though Daiyu had never mether, she knew from her mother that Jia Lian, the son of her first uncle Jia She, had married the niece of the Lady Wang, her second uncle's wife. She had been educated like a boy and given the school-room name Xifeng. Daiyu lost no time in greeting her with asmile as "cousin".

(4) 孙子孙女辈称谓翻译。英汉语言中的孙子孙女辈称谓也能采用字面翻译的方法进行翻译。请看下面译例：

例如：逢年过节，孙子、外孙、孙女儿、外孙女儿们都来看望她，好不热闹！

译文：During festivals, grandsons and granddaughters come to see her. How lively it is!

2. 社交称谓翻译

(1) 对等翻译。翻译英汉语言中社交称谓时，最常用的方法就是对等翻译。请看下面译例：

例如：方博士是我世侄，我自小看他长大，知道他爱说笑话。今天天气很热，所以他有意讲些幽默的话。

（钱锺书《围城》）

译文：Dr. Fang is the son of an old friend of mine. I watched him grow up and I know how much he enjoys telling jokes. It is very hot today, so he has intentionally made his lecture humorous.

(2) 改写翻译。英汉语言中的社交称谓可能是不对应的或不对等的，因此，译者要进行一些改写，方便让更多的目的语读者理解和接受。请看下面译例：

例如：刘东方的妹妹是汪处厚的拜门学生，也不时到师母家来谈谈。

（钱锺书《围城》）

译文：Liu Dong fang's sister, a former students of Wang Chuhou, also dropped in somethings to see her, calling her "Teacher's wife."

原文中的"师母"在英语中没有与之对应的词语，译者根据上下文的内容得出"师母"是指老师的妻子，最终将其译为 Teacher's wife。这样，不仅清楚地传达原文的含义，还贴切地体现出师母与学生之间的关系。

第二节 文化传递视角下的中西翻译

一、中西翻译文化传递的影响要素

翻译作为一种语际交流，它不只是语言之间的转换过程，同时也是文化的传递和移植过程。作为语言之间的转换，对从事翻译的人而言，不会是一件很难的事；然而，作为文化的传递和移植，却绝非易事。影响英语翻译中文化传递的要素具体如下：

（一）扎实的语言功夫和深厚的文化功底

"语言是音义结合的符号系统，是人类思维和体现思维的工具，是文化的载体，也是人类最重要的交际工具和传播媒介"[①]。翻译与语言的密切关系在于其作为两种语言之间的转换工具。离开语言的支撑，翻译便失去了实质，因

---

① 田池香、阳小华：《试论影响英汉翻译中文化传递的基本要素》，载《韶关学院学报（社会科学版）》，2003年第4期，第93页。

为它本质上是通过语言的媒介来传递信息的。因此，语言对翻译有着重要的影响。

一方面，翻译者需要具备过硬的语言功底，成为一位真正的"双语者"。这并不仅仅是熟练掌握两种语言的表面词汇和语法，更包括深入理解语言背后的文化内涵。理解诸如"to separate the wheat from the chaff"这样的短语，需要翻译者对每个词的意义有深刻的了解。语言的细微之处往往是翻译的关键。

另一方面，翻译者还需成为"双文化者"。翻译的实质是文化的传递，而语言则是文化的主要组成部分。文化与语言相互交织，形成独特的表达方式和思维方式。因此，要真正准确地传达信息，翻译者需要理解并融入两种文化，避免简单的语言替代而失去文化的深度。

文化对语言的影响是不可忽视的。文化包含语言，而语言是文化的一部分。了解文化成为理解语言的关键。每种语言都承载着其背后文化的独特特征，翻译者需要透过语言的表面，深入挖掘文化的内涵，在准确传递信息的同时保持文化的丰富性。文化的个性与翻译密切相关，因为各个民族的文化在特定历史条件下形成，充满个性。不理解目标语言文化可能导致可笑的翻译错误。举例而言，英美国家的问候方式反映了其文化差异，而了解这些文化现象则是避免翻译错误的关键。比如，英美人的问候方式与中文的文化差异，如果翻译者不了解这一点，可能会产生令人困惑的翻译结果。因此，文化的差异性要求翻译者不仅在语言上有高超的造诣，还要在文化上有敏锐的洞察力，以确保信息的准确传达和文化得到尊重。

（二）理解语言是文化中的重要组成部分

语言与文化以及语言与翻译之间存在密切的关联，然而二者并不可以等同视之。语言在其本质上充当文化的媒介，而翻译则通过语言揭示文化内涵。在中文中，成语如"不到长城非好汉"蕴含深刻的文化意义，因此在翻译过程中必须谨慎对待。直译为"He who doesn't reach the Great Wall isn't a true man,"虽然是字面翻译，却未能传达其中的文化内涵。精准翻译需要考虑目标语言读者的文化理解，对于了解中国文化的外国人，翻译可能更为准确，但前提是他们必须了解相关文化。除了语言本身，大量非语言因素也隐含在语言背后，翻译的任务就在于通过语言揭示文化的底蕴。

二、传递文化信息的具体翻译方法

为了传递文化信息，翻译中一般有两种出路，即以美国翻译理论家韦努蒂为代表的"异化策略"和以奈达为代表的"归化策略"。"异化策略"坚持译文应以原语或原文作者作为考虑的出发点；"归化策略"则坚持译文要以目的语或译文读者作为考虑的出发点。本书认为，为了更好地传递文化信息，英汉互译中可以根据不同的情况采取相应的策略。

第一，当词语的联想意义不同时，翻译时通常采用归化策略，用目的语语言文化中的习惯表达来转换原语，以利于译语读者的理解。如"健壮如牛"常译为"as strong as a horse"。但为保留原语文化色彩，有时仍可以采用异化的方法，只是须用上增译，以便于译文读者真正感受到异域文化的魅力。

第二，当英汉两种语言中存在含义相近的表达，但包含不同的文化特征时，不能采用归化策略。因为这样的翻译会损害翻译所担负的文化传播功能，减损甚至扭曲原语包含的文化信息。

第三，当文化含义具有共性时，可以采用归化策略。例如，"snowy winter, a plentiful harvest" "When the wine enters, out goes the truth" 可以采用归化处理，分别译为"瑞雪兆丰年""酒后吐真言"。这种文化信息是人类的共同经验，不存在文化鸿沟。

第四，直译。直译是将原语中的文化信息按字面意义直接译为目的语。随着社会的发展、科技的现代化，人们之间的文化交流空前频繁。文化领域呈现出隔阂减少、融汇通合的趋势。以"龙"为例，"龙"在西方是指"长有双翅、会吐火的怪兽"，与"凶暴"联系在一起，它的引申义是指"凶恶的人"。而在中国，从某种意义上说中国是龙的国度，作为中华民族图腾的龙以及代表它的符号可以说是无处不在。"龙"随着中国对外开放，其形象和文化含义被越来越多的外国人所熟悉。以前人们对"望子成龙"的翻译，多避开 dragon 一词，如"to long to see one's son succeed in life"或者"to hope one's children will have a bright future"，这些翻译都具有一个特点，那就是形至而神不至。现在可以译成"to long to see one's son become a dragon"。对于西方人而言，在与中国文化相关的语境中，看到 dragon 一词就会想到"a person with great power"。

第五，用目的语的文化替代原语中的文化，由于人们所生存的客观世界是相似的，对许多的事物具有相同的概念认识，只是表达的方式不同而已。换言之，在不同的语言中，用不同的语言形式来表达同一个事物或概念。例如，英语中"kill two birds with one stone"和汉语的"一箭双雕"所用的喻体不同，但表达的含义是相同的，都表示"一举两得"的意思。在这种情况下，可用目的语的文化替代原语中的文化，更能准确地传达原文的意义。

第六，直译加注解。此方法在论及翻译方法的专著中很少提及，或未将其作为一种独立的方法列举出来。为使文化内涵词由原语进入译入语，并保持音、形、义、美的和谐统一，"直译+注解（释）"不失为一种比较理想的方法。例如，把"O heart, lose not thy nature; let not ever. The soul of Nero enter this firm bosom."（*Shakspeare*：*Hamlef*）译为"心啊！不要失去你的天性之情，永远不要让尼禄的灵魂潜入我这坚定的胸怀"。（莎士比亚《哈姆莱特》）。为了使目的语读者能了解西方的文化，译者在译文中保留原文的字面意义的同时，用脚注的形式对其加以诠释，即"尼禄，曾谋杀其母"。这一注解诠释了该典故的由来，可谓言简意赅，目的语读者通过此注的提示，再根据原文的语境，便可以理解莎士比亚在此用 Nero 一词的含义，将哈姆莱特既恨其母负情负义，却又不愿弑之的矛盾心理刻画得入木三分。

第七，直译加意译法。由于文化上的差异，采用直译法让读者费解的情况也在所难免。为了更明确地表达原意，又同时传递原语文化信息，直译译出文化，意译译出文化所包含的意义，可谓"完美"的结合。例如，把"这对年轻的夫妇并不相配，一个是西施，一个是张飞"译为"The young couple is not well matched, one is a Xishi—a famous Chinese beauty, while the other is a Zhang-fei—a well known ill-tempered brute."。这些人名虽然在中国家喻户晓，但译文读者却有所不知。翻译时加上必要的意译，就可以达到一举两得的效果，既让人领会了意思又传递了文化。

翻译不仅仅是语言间的转换过程，也是文化信息的传递过程。中西方文化的差异,决定了翻译所承担的任务。翻译就是文化信息的使者,具有传递文化信息的作用。

作为译者,承担着传递文化,促进中外交流的使命,应掌握扎实的文化背景知识,要有文化意识感和使命感。翻译是各民族之间文化交流的需要,没有翻译就很难沟通,同样不准确忠实地翻译就无法促进交流。因此,译者应从翻译的目的和任务出发,搭建起中外交流的桥梁,输送文化信息,乃至促进各民族文化的交流与繁荣。

第三节 文化交融视角下的中西翻译

一、文化交融视角下的归化与异化翻译

语言是人与人之间沟通交流的桥梁,是友好往来的重要媒介。但中西方的文化存在着巨大的差异,尤其是语言方面和思维意识方面。随着各国之间的往来增多,跨文化交流也越来越多,包括语言资料之间的借鉴欣赏,这时候就需要翻译来进行辅助。而翻译的过程又是一个较为复杂的过程,其包含着各国的文化底蕴。因此,翻译人员在翻译过程中要掌握好归化和异化策略,处理好二者之间的关系。

(一)归化翻译

归化指的是将源语本土化,以目的语文化或者读者为基础进行翻译,运用目的语读者所习惯、能接受的思维方式、语言表达方式来进行内容的表述。归化翻译策略要求翻译者要把自己想象成本国的作者,将翻译的内容转成地道的本国语言,符合目的语读者的思想和文化观念。

1. 归化翻译策略的优点

归化策略的优点,是其翻译的内容以目的语读者为基础,能使读者毫无理解障碍地读懂文章内容,并能更好地接受,增强了翻译作品的可读性和欣赏

性。习惯使用归化翻译策略的人认为，归化策略解决了读者在阅读过程中的障碍，有效避免了国家之间的文化冲突。

例如，英语"The lion's mouth"，翻译成汉语就是"虎穴"的意思，指非常危险的地方，这就是一种归化翻译。因为在西方人的眼中，狮子是万兽之王，是勇猛、威严的象征，因此英语的"lion"有着强壮、受人尊重敬仰的含义。而在我国老虎被誉为万兽之王，是勇敢、威猛的象征，与西方文化的"lion"有着相似的含义。所以，将"The lion's mouth"翻译为"虎穴"是两国文化的相互结合，能使中文的读者更容易理解文章内容。

2. 归化翻译策略的缺点

任何事物都具有两面性，归化翻译策略也不例外。归化策略的最大缺点就是破坏了原作的风姿，翻译者加入过多自身的主观意识，将原作独特的国家文化消磨殆尽。

例如，西方国家对我国《红楼梦》的翻译，其中有一句"巧媳妇做不出没有米的粥"，英国翻译者将其翻译为了"Even the cleverest housewife can't make bread without flour"。由于英国的传统主食是面包，对米、粥等食物不太了解，所以就采用了归化策略，将没有米的粥翻译成了"bread without flour"。这种翻译虽然有利于英国读者进行理解和阅读，但是《红楼梦》是我国的古典小说，在其中加入西方的面包与整个文章内容显得格格不入，而且国外的读者也不能了解到我国的文化特色以及小说的真正内涵。

总而言之，归化与异化各有优缺点，完全的归化策略翻译不仅破坏了原作的内涵，还不利于各国之间的文化交流。而完全的异化策略翻译使目的语读者很难理解文章内容。所以，翻译人员要正视归化与异化之间的关系，采用以异化为主、归化为辅的翻译策略，将二者相互融合，在让读者能轻松容易地理解文章的同时还能感受到其他国家的文化底蕴。

（二）异化翻译

异化是指翻译者尽可能不改动原作的内容，在翻译的过程中保留外来文化的语言特点、思维方式、表达方式等。以原作者的表达方式为基础，让目的语的读者跟着内容进行思考，去向作者靠拢。

1. 异化翻译策略的优点

异化翻译策略，能够将原作的内容、国家的文化底蕴、语言特点等都完完整整地展现在读者眼前。让读者在阅读的时候不仅能感受到其他国家语言表达的特点，还能体会到其他国家的文化、地域风情、风俗习惯等。对国家之间的文化交流有着重要作用。

例如，"In the county of the blind the one-eyed man is king"，这句英文寓意深刻，生动形象，翻译成中文为"盲人国内，独眼为王"，读者通过阅读能够开拓自身的视野，得到一定的启迪。而且，异化翻译策略不仅将原本的文章内容展示给读者，还具有创造新语言、新词汇的重要作用。例如"Crocodile tears"这句英文，就有三种不同的翻译，分别是"鳄鱼的眼泪""虚情假意的眼泪""假慈悲的眼泪"。

2. 异化翻译策略的缺点

当采用异化策略进行翻译时，虽然能保证原作的还原性，但是各国之间的文化存在着巨大差异，这种翻译策略会面临着不被读者理解的风险。例如，对"You have got to have faith in your sleeve, otherwise you won't succeed"这句英文进行异化翻译时，意思为"你必须袖子里藏有信心，否则你不会成功"。当读者在阅读时就很难理解这句话的含义，进而影响了对整篇文章的阅读。

二、中西翻译"双向文化导入"模式

文化在全球范围内展现出共通性和差异性。尽管文化在不同的环境中形成，但由于人们对社会和自然界的看法相似，存在大量的文化共通之处。这种共通性使得人类能够在跨文化交流中产生共鸣，理解彼此的思想和价值观。文化差异也是不可忽视的方面。每一种文化都受到特定的自然和历史条件的影响，形成独特的约定俗成。因此，在文化教学中，教师需要注重差异对比，培养学生双向文化思维的习惯，使他们能够更好地理解和尊重其他文化的差异。

词汇是文化表达的一种载体，不同文化背景下的词汇具有不同的内涵。教师在教学中需详细解释和深入分析词汇所承载的文化信息和差异，以帮助学生更好地理解语言的含义。语法是另一个受文化影响显著的方面。文化背景不同导致语法表达方式的差异，因此学生在理解语言结构和逻辑时需要考虑文化的影响。在篇章层面，文化信息贯穿于语篇之中。教师在教学中应引导学生挖掘目的语文化信息，拓宽他们的文化视野，从而增强对语言的理解能力。习语是文化特征的集中体现，反映着文化的独特性。在教学中，教师应指导学生收集和比较不同文化中的习语，以深化对双向文化的理解。在翻译教学中，双向文化思维是一个庞大而复杂的系统的重要组成部分。培养学生的双向文化思维习惯对于提升翻译教学的现实意义十分直接，能够帮助他们更好地理解和传达源语和目的语之间的文化差异，提高翻译的质量。

（一）"双向文化导入"模式的框架

在翻译教学中建构"双向文化导入"模式，必须在坚持原则的基础上构建"共性与特性""形式与内涵"有机并存的框架，以确保文化导入的双向性。

1. 共性与特性

引导学生比较两种文化是培养跨文化意识的关键步骤。首先，学生应当寻找不同文化间的共性和特性，以建立起对异质文化的理解。这包括培养文化感知与敏感性，使学生能够敏锐地捕捉并理解文化元素的微妙差异。其次，比较文化要求，提升语言和文化信息获取能力，使学生能够在语境中更深刻地理解文化内涵。通过客观辩证的态度看待文化，学生将能够肯定文化的共同性和沟通性，避免刻板印象和文化偏见。最终，学生应该通过经验细微差别、辨别障碍的实践，提高对不同文化间的有效互补与渗透的能力。

2. 形式与内涵

"在形式上，应摆脱以往以教师为中心的守旧思想，不拘泥于课堂讲授、照本宣科的传统模式，把双向文化导入贯穿到整个教学过程中，把课堂扩大到课后延续学习、网络互动讨论、现实案例分析等多模态形式中"[①]。在内容上，应选择中西方文化中的代表性知识，编写符合学生知识水平结构、符合现实生

---

① 张富民：《文化交融视域中的英语翻译研究》，北京：光明日报出版社2019年版，第194页。

活、符合社会需求的文化翻译教材。

(二)"双向文化导入"模式的建构

在翻译教学中,"双文导入"模式的应用为培养学生的综合素养提供了丰富的渠道。这一方法不仅涵盖了广泛的文化知识,包括媒体、法律、社会、经济、政治等方面,还融合了民族性格、价值观和生活习惯等层面的内容。将这些文化元素融入翻译教学,学生能够更全面地理解语言背后的文化内涵,从而提高翻译质量。教师可以引导学生从"双文导入"模式出发,综合运用广泛的文化知识,促使学生形成对文本更为深刻的理解,培养他们在跨文化交流中更为敏锐的观察力和应变能力。

1. 词汇中的"双向文化导入"模式建构

文化与语言紧密相连,语言作为文化的重要载体对理解文化具有深远的影响。首先,词汇作为语言的基本构成单元,承载着丰富的文化内涵。这一点在中西方文化中表现得尤为明显,因为词汇在两种文化中存在着不等值性。词汇反映了文化的独特特征,通过其中蕴含的含义和用法,人们可以洞察到文化的价值观、传统和社会结构等方面的信息。

在语言学习过程中,教师的角色至关重要。为了防止学生对不同文化词汇的理解出现偏差,教师应在课堂中进行文化双重导入。这包括引导学生深入了解语言背后的文化背景,以及培养其对文化差异的敏感性。当前,许多学生对中西方词汇文化差异了解有限,因此在英语课程中推行"双文导入"模式势在必行。这一模式的实施有助于拓展学生的文化视野,提高他们对不同文化表达方式的理解水平。

词汇被认为是承载文化信息的重要载体,尤其在翻译教学中,其重要性更加凸显。为了使翻译更加准确且富有文化气息,英语课程的翻译教学需依托对文化的丰富理解。教师应当引导学生通过对文化的深入了解,理解词汇背后的文化内涵,从而在翻译过程中更好地保留原文的文化特色。

在具体的课堂教学中,教师有责任对"负载文化词"进行详细阐释。其中包括问候语、禁忌语、熟语等方面的内容。通过深入解释这些词汇,教师能够帮助学生更全面地理解文化差异，并在语境中正确运用这些词汇。同时，不同文化内涵的词汇需要在翻译教学中得到有效地传达，以帮助学生挖掘词汇的文化含义。这需要教师在教学中灵活运用不同的教学方法，使学生在跨文化交际中更加游刃有余。

此外，针对中西方文化中的非对应及零对应词汇，教师需要在课堂上进行导入和解释。通过系统的教学安排，学生能够更好地理解这些词汇的特殊含义，避免出现对文化差异的误解。这种详细的解释不仅有助于学生的语言学习，还有助于培养他们对文化多样性的认识和尊重。

2. 句子中的"双向文化导入"模式建构

在语言学的广阔领域中，不同民族的语言句子承载着丰富的文化差异，而中西方文化在句子结构上也呈现出明显的差异。这一事实为教学提供了宝贵的机遇，教师可以通过强调句子结构和典故的异同，引导学生深入认识中西方文化的独特之处，从而提高他们的跨文化认知能力。

在教学中，英汉句子结构的差异成为一个值得深入探讨的话题。例如，在英语中，被动语态的运用与汉语的主动语态形成鲜明对比，反映了两种语言对于表达动作和关系的不同取向。这样的文化差异直接影响到句子的形式和含义，进而呈现出独特的语法构造。文化因素在句子中外显明显，导致了不同句子结构的巨大差异。英汉造句时的顺序思维差异是一个显著的例子。在教学中，教师应当有意识地引导学生认识到这些文化差异，并通过实际例子说明它们对句子结构的深远影响。

为了更有效地传递这些知识，教师应该引导学生了解中西方文化的差异，特别是在句子结构和造句方式方面的差异。此外，在处理含有典故或习语的句子时，教师还应深挖中西方文化的特色，强调文化内涵的差异，以加深学生对句子含义的理解。

3. 语篇中的"双向文化导入"模式建构

英语教材中的文化背景知识是一门丰富多彩的学科，其涵盖了英美国家的典型文化。在教学中，教师可以充分利用这些文化背景知识，与中国文化进行对比分析，以促进学生对语篇内涵的深刻理解，并帮助他们了解中西方文化之间的异同之处。

为了实现这一目标,教学方法的设计显得尤为关键。举例而言,在翻译教学中,引入美国文化代表物成为一种有效的方式。通过这种方法,学生不仅能够学到语言的翻译技能,同时还能了解到与美国文化相关的象征物,从而扩展他们的文化视野。同时,教师还可以向学生解释具有中国文化特色的象征物在英文中的表达方式和来源,进一步深化学生对两种文化之间联系的认识。另外,通过比较中西方象征物,学生有机会深入探讨其历史文化差异,进一步拓展他们的跨文化认知。

这样的教学设计不仅有助于学生理解语篇内涵,而且能够增进他们的综合文化素养,填补中国文化知识的空白。考虑到当前全球一体化的趋势,外语学习需求也在不断增加。中国与世界的密切交往使得学生对外语学习有了更高的需求,因此强调将母语文化适当输出成为一项重要任务。通过这样的教学方法,学生可以在学习英语的同时,更好地理解和体验中西方文化的异同,为他们未来更广泛的国际交往打下坚实的文化基础。

为了有效实施这一教学理念,外语教师需要在教学中同时培养学生的语言能力和多元文化能力。在教学过程中,应按照阶段性、适度性和实用性的原则导入中西方文化知识,使其更好地与语言学习相结合。此外,教学策略还包括从课堂内的词汇、句子和语篇中挖掘中西方文化知识,以及实施双向文化教育。通过这些策略,学生将在学习西方文化的同时,保持对中华民族文化的弘扬,实现全面而均衡的文化发展。这不仅有助于满足学生的外语学习需求,同时也为他们在全球化时代更好地融入国际社会提供了重要支持。

第四节 文化功能视角下的中西翻译

一、文化功能视角下的中文翻译

中文翻译作为跨文化交流的重要手段,在文化功能视角下,需要充分考虑到源语言和目标语言背后的文化差异和特点。

（一）文化功能视角下的中文翻译特点

第一，意蕴丰富。中文翻译的最大特点是意蕴丰富。由于中文词汇往往具有多重含义和语境，因此在翻译过程中需要准确把握词汇的内涵和外延，以避免歧义和误解。同时，中文翻译还需要结合上下文语境和语言习惯，以传达原文的意蕴和神韵。

第二，形合与意合的转换。中文和英文在句法结构上存在很大的差异。中文注重意合，即意义和逻辑的内在联系；而英文注重形合，即形式和语法的完整性。因此，在中文翻译过程中，需要做好形合与意合的转换，以保持原文的逻辑性和语义连贯性。

第三，文化意象的处理。中文翻译中的文化意象处理是另一个难点。由于中西方文化背景和价值观念的不同，有些中文词汇在英语中无法找到对应的表达方式，反之亦然。因此，在翻译过程中需要充分考虑到文化意象的处理，以避免文化冲突和误解。

（二）文化功能视角下的中文翻译难点

第一，语言差异。中文和英语在语言结构和表达方式上存在很大的差异。中文注重意念和语境，英语注重形式和语法。这种语言差异给翻译过程带来了很大的挑战，需要译者具备扎实的语言功底和敏锐的文化意识。

第二，文化隔阂。中西方文化背景和价值观念的差异导致了严重的文化隔阂。这种文化隔阂给翻译过程中的理解和表达带来了很大的困难。例如，一些中国特有的文化词汇和表达方式在英语中无法找到对应的表达，需要译者通过解释、注释等方式进行弥补。

第三，语境缺失。中文翻译过程中常常面临语境缺失的问题。由于原文中的语境和语调等因素无法完全传递到目标语言中，因此需要译者在翻译过程中根据目标语言的习惯和语境进行适当的补充和调整。

(三) 文化功能视角下的中文翻译策略

第一，充分理解原文的文化内涵。在中文翻译过程中，要充分理解原文的文化内涵，包括词汇的含义、历史背景、修辞手法等。只有深入了解原文的文化内涵，才能准确把握原文的意思和情感，从而在翻译过程中保持原文的完整性和神韵。

第二，注重目标语言的语境和表达方式。在中文翻译过程中，要注重目标语言的语境和表达方式，要根据目标语言的习惯和语境进行适当的调整和补充，以保持译文的准确性和流畅性。同时，还要注意避免中西方文化差异带来的误解和冲突。

第三，适当使用注释和解释。在中文翻译过程中，可以适当使用注释和解释来弥补文化隔阂和语境缺失带来的问题。在译文中加入注释和解释，可以更好地帮助读者理解原文的文化内涵和背景，从而促进中西方文化交流与融合。

二、文化功能视角下的英文翻译

(一) 文化功能视角下的商务英语翻译

商务英语是英语的一个重要分支，其用英文可以翻译成"Business English"。简单而言，商务英语主要指的是用于世界各国的商务活动中的英语。由此可见，英语一旦与商务活动相联系，那么就会涉及商务英语这一形式。一开始，商务英语的内涵和应用都比较狭窄，只是应用于外贸贸易。也正是因为如此，商务英语有了另外一个名称，即外贸英语。在全球化进程的推动下，商务英语的内涵逐渐丰富，外延逐渐拓宽，同时其应用也十分广泛，例如商务英语已经涉及经济、文化、科技、教育等诸多领域。

从商务英语的内涵可以看出，商务英语主要由商务活动和英语两大方面组成。商务英语主要以英语为传播媒介来传播与活动相关的内容。因此，商务英语具有普通英语所不具有的特色——商务特色。除此之外，还需要指出的是，商务英语虽然由商务活动和英语共同组成，但并不是两者的简单叠加，而是商务活动与英语的相互作用、相互促进、相互融合的产物。

无论是商务英语交际还是其他形式的语言交际，都离不开一定的语言环境。语言环境是各种形式语言交际的前提。在商务语言环境中，商务话语发挥着至关重要的作用。商务话语，简而言之，就是在商务活动中使用的话语，人们在商务活动中广泛应用语言，于是就产生了商务话语。由此可见，商务活动与语言之间就存在着密切的联系。语言的使用在很大程度上影响着商务活动的顺利进行，而商务活动的开展也在一定程度上影响着语言的使用特点。因此，从事商务活动的人必须根据商务活动的特点选择恰当的语言表达。除此之外，还要明确商务英语的实用性、专业性、针对性等特点，并根据这些特点来进行准确的、规范的商务交流与沟通。

对于国际商务活动而言，其涉及范围、内容、领域都比较广泛，再加上其必须符合客观性、现实性的需求，所以商务英语必须具有丰富的专业术语、专业词汇、专业短语等，只有这样才能保证国际商务活动的顺利进行。并且，商务英语中包含的各种语言信息都与商务活动密切相关，因此，从事商务活动的人必须采用准确、得体的商务用语，否则就会阻碍商务活动的开展。另外，需要说明的一点是，在商务活动中，从事商务的人仅仅具备商务词汇是远远不够的，要想灵活、自如地解决商务活动中的各种问题，还必须掌握职业套语、专业术语、商务表达、语言转换等知识。

总而言之，商务英语是英语发展的产物，是英语的一种重要变体。同时，商务英语同旅游英语、科技英语、法律英语等都属于专门用途英语的范畴，它们之间还存在一些共同点，其最大的共同之处就是同属于英语的范畴，具有英语基本的语言基础和语言学特征。商务英语尽管是英语的产物，但由于自身的商务属性，它又形成了自身独有的特色——商务特色。另外，商务英语的主要应用环境是商务环境，它是中国与世界各国进行商务交流和商务往来的重要语言工具，商务英语包含的内容非常丰富，既包含一些基础的英语语言知识与理论知识，也包含一些专业的翻译知识，还包含表达方式、人际关系等方面的内容。因此，从商务英语的语言结构来看，商务英语涉及很多的专业术语、专业词汇、职业套语等，同时商务英语中还有很多的委婉语，这些委婉语在商务活动中可以应用于不同的场合和对象。除此之外，商务英语无论是以口语的形式出现还是以书面语的形式出现，使用者都必须注意商务英语语言的准确性、表达的得体性以及使用场合的合适性。

1. 商务英语翻译标准

（1）"三原则"标准。翻译的"三原则"标准对翻译也产生了深远的影响。这一原则的提出者是英国学者亚历山大·泰特勒。关于这一标准的具体论述主要见于《论翻译的原则》。翻译的"三原则"标准具体如下：第一，译者必须完整地将原文的思想表达出来；第二，译者必须保持原文的风格以及原文作者的笔调；第三，译者必须保证译文的通顺、流畅。这一原则的提出者在当时提出这一标准时主要倾向于文艺翻译，尤其是强调了这一标准适用于诗歌的翻译。实际上，翻译的"三原则"标准适用范围十分广泛，可以在所有文体翻译中使用这一翻译标准。另外，翻译的"三原则"标准强调原文与译文的一致性，其中最重要的就是让译文读者获得与原文读者同样的阅读感受，产生同样的阅读反应，这在商务英语翻译中起着重要的作用。例如，译者在翻译商务信函时，既要将信函中的内容信息准确完整地翻译出来，也要尽可能地使收信者产生发信者所期待的反应。

（2）"信、达、雅"标准。"信、达、雅"的翻译标准是由清代翻译家严复提出的，对其的具体解释主要见于《天演论·译例言》。对"信、达、雅"翻译标准的具体分析如下：

第一，"信"。"信"是这一翻译标准的第一步，其核心就是对原文思想、观点、内容等的忠实。它强调译者对原文的忠实性，即将原文的内涵、内容完整而准确地翻译出来，并强调译者不能对原文的内容进行任何的改动，也不准对原文的内容有任何的遗漏。实际上，译者要想满足"信"的翻译标准，首先要做到的就是对原文进行全面的、准确的理解，如果没有做到这一点，就谈不上满足之后的翻译标准了。

第二，"达"。"达"是这一翻译标准的第二步，也就是在忠于原文的基础上做到译文的通顺和规范。要想做到"达"，译者就要在翻译中避免出现语言晦涩、结构混乱、语句不通等错误。

第三,"雅"。"雅"是在"信"与"达"的基础上实现的,也是这一翻译标准的最高要求。"信""达""雅"实现的过程,也就是从易到难的过程。而"雅"主要强调的是流畅,同时译文具有一定的文采特点。众所周知,一篇译文的质量与翻译者的翻译水平紧密相关,而译者的翻译水平既包括其英语水平,也包括其汉语水平,更包含译者对原文的理解。"雅"是翻译的最高境界,要想实现"雅",必须做到以下方面:首先,译者必须彻底理解原文的思想、观点和内容,并在此基础上对原文进行翻译;其次,译者在翻译过程中不能将逐个原文词语的翻译拼凑成译文,这样会导致译文的生硬。

上述翻译标准在翻译界产生了很大的影响。同样地,商务英语翻译也受这一翻译标准的影响。在商务英语翻译中,同样需要遵循"信、达、雅"的翻译标准,即商务英语翻译不仅要忠于原文,做到语言的准确和严谨,还要保证商务英语翻译译文的通顺性和易懂性,做到语言的通俗易懂。更为重要的是,还要注意商务英语翻译译文的得体性,商务英语译文应该保持原文的行文风格,尽可能地还原原文,同时译文的语言表达也要与商务文本的语言特色相符。这就是商务英语对"信、达、雅"翻译标准的具体阐述。

(3)"直译"与"意译"标准。直译和意译在英语翻译中都比较常用。译者必须坚持该直译的地方必须使用直译的方法,而该意译的地方也必须坚持使用意译的方法。

第一,直译。直译,简单理解就是对原文一对一的翻译。译者采用直译法既可以保持原文的具体形式,又可以保持原文的具体内容。这种方法在英语翻译中比较常见。

第二,意译。意译,也被称为自由翻译。由于英汉两种语言在很多方面存在差异,当原文的形式和内容存在一定的矛盾,不能同时兼顾时,译者就不能采用兼顾原文形式和内容的方法——直译法,而需要采用一种注重原文内容、不保留原文形式的方法——意译法。

(4)"功能对等"标准。"功能对等"的翻译标准主要强调的是功能对等性,该翻译标准的突出代表就是美国翻译家尤金·奈达。"功能对等"的翻译标准在中国翻译中也发挥着不可替代的作用。同时,"功能对等"的翻译标准主要强调原文与译文在诸多方面的对等,例如在信息内容、语言风格、文化内涵等方面的对等。"功能对等"的翻译标准在国际商务英语翻译中也起着重要的作用，无论是商务英语还是英语的其他文体，都必须保证原文信息与译文信息的对等。

（5）"语义翻译"与"交际翻译"标准。"语义翻译"与"交际翻译"标准在英语翻译中也是十分重要的，其提出者是英国翻译家彼特·纽马克。这一翻译标准主要由两个部分组成，即语义翻译和交际翻译。

语义翻译是对直译的总结，是对逐字逐词翻译的归纳，更是集中了忠实翻译的诸多优势的一种翻译方法。交际翻译是对归化的总结，是对意译的归纳，更是集中了地道翻译的诸多优势的一种翻译方法。"语义翻译"与"交际翻译"标准将语义翻译和交际翻译结合起来，更能达到翻译的良好效果。

综上所述，国内和国外都有自己的翻译标准。从整体上来看，不管是国内还是国外的翻译标准，都注重翻译信息的对等性。具体而言，国内翻译标准主要注重文本的忠实性、文本的等值性、文本的内容、文本的传神性等；国外翻译标准主要注重文本的内容、文本的信息传递、文本的具体形式等。可见，国内外翻译标准都注重译文是否能够真实地反映原文的内容、思想等。而商务英语是英语的一种常见变体，其涉及内容十分广泛，因此商务英语翻译标准与普通英语翻译标准是有一定区别的，它具有自身独有的特点。也正是因为如此，商务英语翻译注重信息的对等性，即语义信息、风格信息、文化信息等方面的对等。

2. 商务英语翻译原则

（1）准确性原则。准确性原则也是译者在翻译商务英语过程中必须遵循的原则。这一原则的关键就是准确。换言之，在翻译过程中，译者必须能够用译文的表达方式将原文的内容、思想等信息完整、准确地表达出来。

（2）忠实性原则。忠实性原则在商务英语翻译中占据十分重要的地位，它也是译者在翻译商务英语过程中必须遵守的原则。忠实性原则主要强调的是译者翻译的译文与原作者的原文信息对等。这也是由商务英语的性质决定的。此外，译者在翻译商务英语时，必须以忠实性原则为导向，保证译文与原文的信息对等，同时译者不能篡改、歪曲、遗漏原文所表达的思想。另外，还需要强调的是，忠实性原则强调的不是原文语言表达形式的忠实，而是原文内容的忠实或原文风格的忠实。

（3）通顺性原则。无论是商务英语翻译还是其他形式的语言翻译，都必须遵循通顺性原则。通顺性原则主要指的是译者在翻译商务英语时必须使译文的词汇、句子通俗、顺畅，同时符合商务活动的规范和要求。另外，译者在保证译文通顺的基础上，还必须保证用词的准确性，避免用词的生硬化和艰涩化。例如，"I work at the Bank of China."如果译成"我工作在中国银行"，就不符合汉语的表达习惯。

3. 商务英语翻译技巧

（1）艺术化的处理技巧。翻译是对原文的一种再创造。有时简单的对译就能满足翻译的要求，但这种情况比较少见，即使是简单的对译，译者也要考虑英汉语序的转换。有时一个英语单词包含的含义往往需要译者运用若干个汉语词汇来翻译，因而译者在翻译英汉对译的时候要运用一定的翻译技巧，即对译文进行艺术加工。在商务英语的翻译中，译者经常运用的艺术化处理技巧主要包括如下方式：

第一，合句法。所谓合句法，就是指译者在翻译的过程中把若干个较短的句子合并成一个长句。众所周知，汉语在表达中重视意合，因而其句子比较短，而英语在表达中重视形合，因而其句子都比较长，这就要求译者在把汉语翻译成英语时可以适当地运用合句法，从而使译文更加符合西方人的表达习惯，换言之，译者可以将原文中的多个简单句或一个复合句用译语的语用习惯翻译成一个单句。

例如：晚上十点三十分的时候，网上交易量就少了。

译文：The time is 10：30 pm, and transactions on the net are light.

第二，分句法。译者在具体的翻译过程中可以对原句结构进行一定的改动，将冗长的英文句子拆分成短句，这就是分句法，这种方法有利于译文读者顺畅阅读。

对英语句子具体的拆分可以选在关系代词、主谓连接处、并列转折处等地方，在这些地方进行拆分不会使句子的本意发生变化。这种翻译方法有助于整体上保留英语原有的语序，符合汉语的语序习惯，可以使译者顺译全句，使译文更加清晰、流畅。

第三，词类转化法。由于英语与汉语是两种完全不同的语言体系，因此英汉两种语言存在诸多差异，其中语法结构方面的差异较为明显。在商务英语翻译中，译者要想成功地完成翻译任务，让译文读者在阅读时没有过多的障碍，就必须对原文中的词类进行灵活处理，转换词类可使译文更加流畅，更具可读性。下面对商务英语翻译中的词类转换类型进行具体分析：

一是转化为动词。商务英语翻译过程中可以将一些本身含有动作意味的名词、形容词、副词、介词等转换为动词。

二是转化为名词。商务英语翻译中可以把一些由名词派生而成的动词、部分形容词及副词转换为名词。

三是转化为形容词。翻译时把某些形容词派生的名词及副词转换为形容词。

四是形容词转化为副词。商务英语翻译可以将部分形容词转换为副词。

第四，加词法。加词法是指译者在具体的翻译中根据实际需求适当地添加能够表达原文意思的词语，从而使译文更加准确和通顺。译者可以添加的词语种类很多，如名词、动词等。需要注意的是，加词法只能增加词语，不能随意增加其含义。

除此之外，要想让译文更加生动准确，译者还可以对已经出现过的词语进行重复，适当地概括总结前文，这也是加词法的合理应用。

在汉语的表达中，中国人经常使用没有主语的句子，然而在英语的表达中，西方人则很少使用没有主语的句子。因而译者在把汉语翻译为英语时，除了英语中极个别的结构可以使用无主语之外，译者要为大部分的英语译文加上主语，从而方便读者理解。

例如：What is on following the discussion of the prime interest rate?

译文：讨论完优惠利率后，下一项议程是什么？（增译主语）

英语和汉语在词汇方面存在较大差异。具体而言，在英语的表达习惯中，人们善于使用代词，因此译者在把汉语翻译为英语时要为译文适当添加物主代词，同时也要添加连词。在英语的语言表达中，西方人还大量使用介词和冠词，这也要求译者在翻译时适当添加。

需要注意的是，增译法要合理使用，在保证语法结构完整的同时，还要达到译文的准确明晰。

第五，减词法。与增词法相对应的是减词法，减词法要求译者在遇到一些无法译出或者没有词意的词时，不必将这些词一一翻译出来，这样有助于提升译文的简洁性。

对仗是汉语中常见的语言表达，这种句式结构有助于增强文章的气势，但是在英语中这种表达方式并不多见。因此，在翻译中可以进行适当的省略，这样既符合英语的语言表达习惯，也使译文显得更加简短有力。

在商务英语翻译过程中，译者还可以适当地省略一些没有重要含义的冠词、代词、连词、介词、动词等，这样形成的译文会更加符合译语读者的阅读习惯与思维方式，会更显精练准确。

第六，换词法。换词法是指在翻译过程中，译者可以按照具体的语境要求，在保证语意连贯的前提下，更换更为恰当的词语进行翻译，这样可以使译文完整地传达原文的意思，避免出现译文离题的情况。

第七，正译法与反译法。不管是在英语中还是在汉语中，人们描述同一个事物、讲述同一种观点时，都可以采用正说与反说两种方式，正译法与反译法就是在此基础上建立的。正译法就是按照与原文相同的语序或表达方式进行翻译；反译法就是按照与原文相反的语序或表达方式进行翻译。实际上，正译法与反译法的效果是相同的，不过在汉译英的过程中，反译法更适合英语的语用习惯与思维方式，会使译文显得更加地道。

在英语表达中，有一些词语与句子本身不含否定含义，但是其呈现出来的语义是否定的；还有一些词句属于否定形式，但表达出来的却是肯定的含义。面对这种情况，译者首先要准确理解语句的真正含义，再使用正译法或反译法将原文含义翻译出来。

第八，深化法与浅化法。在商务英语的翻译实践中，有的时候译者不能直接从字面的意思来翻译原文，译者需要结合上下文以及汉语的表达思想来完成翻译，根据具体的语境与语用习惯译者会进行合理的引申，这就是深化法或浅化法。总体而言，深化法就是从一般中提炼出特殊，浅化法就是将特殊总结为一般。

第九，倒译法。在中国人的汉语表达习惯中，人们往往把句子中的定语以及状语等词汇放在被修饰语的前面；然而在西方人的英语表达习惯中，人们往往把句子中的定语以及状语等词汇放在被修饰语的后面，因而译者在翻译时要适当调整语序。通常情况下，倒置法较多地应用于英译汉中。

第十，包孕法。在英语长句的翻译中，译者将英语的后置成分前置，按照汉语语序使修饰成分在译文中形成前置包孕，这就是包孕法。需要注意的是，译文中的修饰成分不应过多，不然会显得烦琐，还有可能导致汉语句子结构的混乱不清。

第十一，重组法。一般情况下，译者在翻译商务英语时通常会遇到各种各样的句式，有时一些句式十分拗口，不符合目的语国家的语言表达习惯，这时就需要译者在彻底理解原文思想以及结构的基础上对原文的句子进行重组，即运用重组法进行翻译。

（2）完全对译与部分对译技巧。通常而言，面对一些专业名词、专用术语，译者可以使用完全对译的翻译方法。如果没有出现一词多义的情况，那么使用这种翻译方法就非常简便。

如果在翻译过程中出现了一词多义的现象，译者就要结合具体的语境、上下文等明确该词在当前的语境中代表哪些含义，尽量选择与原文含义相接近的译文词语。以"best"为例，这个英语单词只在特定的语境中或者在固定的搭配中才会具有"优惠的、便宜的"这个含义。对于中国的学习者而言，当他们想要用某个英语单词表示"便宜的"的意思时，他们往往会优先选择"cheap"这个单词，这个单词比较常见；然而在英语的文化中，"cheap"这个单词往往具有一定的贬义，因而译者在翻译的过程中要慎重使用。

在商务英语翻译过程中，如果出现了一词多义的现象，译者就必须考虑具体的语境，根据上下文选择最恰当的表达方式，不能只翻译表面意思或常见意思。例如，商务英语中常见的"发放贷款"，可以用英语中的"to launch a loan"来表达。而其中的"launch"就属于一词多义，"to launch a training class/course"表示开设训练班，"to launch a satellite"则表示发射卫星。又如，翻译"Boss is firm with his men"时，如果按照"firm"的普遍含义译为"坚定"就不够准确，使翻译流于形式，其内在含义应该译为"严格/严厉"，只有这样才能准确表达原文意思。除此之外，在商务英语翻译中还有可能出现一些很难在译语中找到恰当对应的词，这些词原本的含义无法在译文中得到准确体现，这就需要译者结合具体语境，对该词的含义进行引申延展，从而找到合适的表达。

（3）商务英语翻译技巧的提升

第一，把握文化背景的差异。由于中西方在地理位置、气候、风俗习惯以及发展历史等方面存在较大的差异，因而中西方的文化也存在较大的差异，这种文化差异也会对英语和汉语这两种语言产生较大的影响。这就要求译者在具体的翻译实践中要了解作者所处的时代背景以及文化体系，从而准确翻译作品，避免由于不了解中西方在某个方面的文化差异而出现错误的翻译，造成文化冲突。世界上有很多个不同的民族，每个民族都有自己的文化体系以及风土人情等，其能够反映本民族居民的生活状态和精神风貌，是本民族智慧的结晶，因而文化对翻译有着非常重要的影响。因此，译者在开展商务英语翻译工作时，一定要十分谨慎仔细，要考虑多方面的因素，不能使译文出现较大的翻译错误。

第二，注重专业术语的对等。所谓专业术语，通常是指应用到很多专业领域或者专业学科中的词汇，这些词汇是固定的搭配而且它能够准确表达科学的含义。专业术语有很多其他词汇不具备的特性，如单义性。单义性，顾名思义就是指专业术语的意思应该是准确的，不能引起人们的猜测或者有歧义。由于商务英语的性质使商务英语中有很多专业术语，因而译者要想准确翻译商务英语，其前提条件就是译者要准确读懂和理解商务英语中的专业术语，这就要求译者要广泛大量学习和了解其他学科的专业知识等，从而在翻译时能够准确翻译与商务英语相关的专业术语。

商务英语翻译需要遵循一定的参考标准,其中最重要的标准就是翻译的功能对等。所谓功能对等,就是译者在翻译时不要逐字逐句地翻译,要从文章的宏观结构来审视商务英语的原文,从而从语篇的角度进行翻译。在具体的翻译实践中,译者必须重视译文中的词语选择,注重词语的文化背景以及逻辑性等,尤其是译者在选择专业词汇时一定要十分谨慎。总而言之,译者在翻译商务英语时一定要重视词汇的选择,从而使译者更加通顺,符合功能对等原则。

通常情况下,在英语这门语言中有一个十分明显的特点,那就是英语中的每个词语往往都有好几个不同的含义。换言之,人们把这个英语词汇放在不同的语境中它就能够表达不同的含义,这种现象也经常出现在商务英语中。有一些我们日常比较熟悉且使用比较广泛的词汇,把它们应用到商务英语的某一个具体的学科中,这个词汇就具有了其他特殊的含义,这是一种固定的含义,也就是所谓的专业术语。

因此,我们强调专业术语的单一释义特征,换言之,译者在商务英语的翻译中要遵循术语对等的原则。

第三,注意增词与减词。当我们对商务英语合同进行翻译的时候,因为合同是签订合同的双方以及当事人应该遵守的规定,这样的话,合同是具有一定的法律效力的,所以,翻译人员必须做到使用词语比较谨慎、措辞比较准确贴切。翻译文本要非常准确并且非常完整,这样的合同才是比较合理准确的。在对英文合同的文字进行翻译的时候,翻译人员可以在原文的基础上适当地增加一些隐含的文字,这样才能使得合同看起来更加完整,结构也更加清晰,读者进行阅读的时候也就更加方便。

除了用词准确之外,还得谨慎选择词语,不同的词语有不同的意思,其使用的语言环境也是不一样的,这些都和文化有着或多或少的联系。从这些足以看出,语言环境不同,词汇的含义就不同,因此,译者必须合理选用翻译词语,从而准确表达其意思。除了这些以外,在使用商务英语进行交流的时候,我们也要注意对比较容易混淆的词语进行准确的区分。因为很多时候,如果翻译时选用的词语不合适，句子就会出现歧义，甚至表达了完全不一样的意思。所以，我们必须区分比较容易混淆的词语，只有这样，才能使商务英语翻译质量得到提高。

在对商务英语进行翻译的时候，我们要掌握一个比较重要的翻译技巧——对词量进行适当的增加或者减少。在进行翻译的时候，翻译人员要依据原文上下文的意思、逻辑关系、翻译文本语言上的特点和表达上的习惯，要么增加原文本中并没有的但是有一定意思表示的词语，要么减去原文本中存在的但是并没有实质性含义的词语。依据上下文，可以先适当地增加动词、形容词等。具体是在何时增加词语，怎样增加词语，这些都不是一蹴而就的，而是需要在翻译实践过程中不断累积经验的。

第四，语篇文体翻译要得体。商务文体的类型是非常多的，并且不同的类型，其翻译特征也是不一样的，如广告类型、公文类型等。文体的类型不一样，其翻译的风格和整体的方向也就不一样，在对商务英语进行翻译的时候，如果我们要想使其更为合理，就需要深入了解各种不同的文体，并且在对文体进行了解的基础上，再根据各个不同文体的特点来翻译。

例如，契约文体，通常而言，大部分的契约的语言都是很正式的，并且具有文艺性。当我们对契约文体进行翻译的时候，用得比较多的就是法语或者是拉丁语言中比较精确的词语。和其他的文体进行比较，我们就会发现，契约文体翻译使用的词语更为严谨。在对契约文体进行翻译的时候，我们需要注意的一点就是尽可能地不要使用一些弹性比较大的不经常使用的词语。相比较而言，对于公文文体的翻译就没那么正式了，而是比较形式化，语言的使用也没那么文艺，显得严肃庄重了许多。我们在对公文文体进行翻译的时候，使用的词语大多都是比较专业的。在翻译公文文体的时候，翻译人员必须做到尽量使翻译出来的文字非常简单，别人一看就能完全明白其中的含义，是不需要使用很多修饰性词语的。除了契约文体和公文文体外，还有一种文体和这两种文体都不一样，那就是广告文体。翻译广告文体的时候，翻译人员使用比较多的就是形容词，还有就是形容词的最高级。人们做广告是有目的的，那就是对消费者产生一定的吸引，从而让消费者对产品进行消费，与此同时，使越来越多的人知道这个企业的存在。所以,在翻译广告文体的时候,翻译的文本必须具有一定的吸引力,使人们根据广告对产品进行一定的了解,进而产生想要去购买产品的欲望。所以,在对商务英语进行翻译的时候,翻译人员需要先确定翻译文本是哪一种文体,然后根据文体来断定翻译的方向,只有这样,翻译出来的文本才能更加合理。如果翻译人员对要翻译的文本的文体并不了解,通常就会出现使用错误的情况。

第五,调整"无对应词"翻译。英语中的很多词语并不是和汉语中的词语完全对应的,有的可能有一部分是相对应的,有的可能完全找不到相对应的词语,这就出现了词语空缺的现象。例如,Benz 一开始被翻译成了"笨死",又叫"平治",这两种翻译都没有给其带来消费者。直到有了"奔驰"这个贴切的译名,才开始在中国有了广大的市场。再如汉语中人们经常使用"鸳鸯"这个词语来比喻夫妻,英语翻译的时候就翻译成了"mandarin duck",英语翻译后的词语并不能把汉语中词语的真实含义表达出来。所以,对于一些并没有对应词语的外来语言来说,因为其文化气息比较浓厚,我们在对其进行翻译的时候,需要适当地调整其文化。

第六,恰当地使用词类转译。在对商务英语进行翻译的时候,我们不能忽视翻译的风格。即便是人类的生存环境和条件等存在一定的差异性,从而使得文本的文化不能进行有效的翻译,但是,人类生存的主观需要和思考的方式并不是完全一样的。各个不同的民族之间的差异是非常多的,翻译人员需要对其进行较为全面的了解,从而不断促成不同文化之间的相对应。在进行翻译的时候,如果翻译人员把原文本中的风格信息忽视了,这样既会丢失翻译文本的信息,也会使得翻译文本变得并不是很合理。总的来说,国际商务英语涵盖了各种各样的文体的语言形式,翻译人员必须对此加以注意。

在商务英语翻译中,翻译人员经常会遇到一些词语在词典中的含义和上下文的意思表示并没有联系的情况。假如翻译人员直接把词典中的含义应用到翻译文本中,那么,翻译出来的文本就有可能变得比较含糊,再严重一点,读者可能会误读文本的含义。所以,翻译人员必须根据自己平时积累的语言知识对上下文进行理解，进而对词语的引申含义进行解读。

所谓转换指的是商务英语翻译中语言的表达方式和词语性质的变化。因为英语和汉语的表达方式和词语搭配存在很大的差异性，所以，翻译人员在对商务英语进行翻译的时候会出现一定的不对应性，这个时候，翻译人员就需要进行一定的转换。

4. 商务英语翻译实践

（1）商品说明书的翻译。商品说明书在人们日常生活中比较常见，它是商务活动中非常重要的一部分，它具有较强的专业性，语言简洁严谨。在商品说明书的翻译中，译者除了要掌握基本的翻译准则与翻译技巧外，还要了解商品说明书的语用特点，从而使翻译之后的商品说明书继续发挥其传递信息、指导人们使用商品的重要作用。

所谓说明书，指的是把商品的相关知识、使用方法等项目介绍给消费者的文书。商品说明书是架设在商品和顾客之间的一座桥梁。首先，它是消费者使用产品的指南，消费者借助商品说明书了解商品的性能、用途及相关注意事项，从而更好地实现商品的使用价值。其次，说明书随着产品走入千家万户，使消费者通过它更多地了解生产企业，对产品和企业起到了广告宣传的作用。商品说明书具体包括以下方面：

第一，商品说明书的内容。所谓商品说明书，指的是对商品的用途、构造以及如何使用等所做的文字说明，顾客在购买商品之后，就可以通过阅读商品说明书来明确商品的使用方法。商品说明书一般放在商品的旁边，主要以小册子的形式呈现，其目的在于指导消费者使用商品，并指出商品的养护方法等，以免因为错误操作对商品造成不利影响。

在英语中，商品说明书主要有三种翻译形式，即 Instruction、Direction、Description。商品说明书的内容应该具有一定的科学性，并且在阐述如何使用的时候应该具有条理性，所用的语言应该通俗易懂，并且应该根据需要对下面所论述的方面进行有针对性的详细说明。

第二，商品说明的语言特点。

一是商品英语说明书的词汇特点（表3-2）。

表 3-2　商品英语说明书的词汇特点

类别	内容
运用缩略词	缩略词的出现就是为了方便人们的使用与记忆，在科技领域，缩略词的使用更是普遍，因此，商品英语说明书中也包含大量的缩略词，译者需要对这些缩略词有所了解，并熟练运用。
使用专业词	商品说明书本身就具有较强的专业性，因此，商品英语说明书中含有大量的专业词语，而这些专业词语有一部分是从普通词语转化而来的，译者在进行翻译时就需要加以辨别。
运用合成词	在商品英语说明书中还经常出现许多合成词，大多数是由已有的单词拼接而成的。

二是商品英语说明书的句法特点（表 3-3）。

表 3-3　商品英语说明书的句法特点

类别	内容
多用现在时态	现在时态是商品英语说明书常用的时态，因为说明书主要阐述了商品的品质与功效，这些品质与功效并不是个别的、短暂的，而是普遍的、有较长期限的。例如：Moisturizing Color Gloss protects and softens chapped lips. 这里用了一般现在时，从而突出滋润是该商品的主要功能，也是持续的功能，其他时态可能无法达到这种说明效果。
多用条件句	人们在使用商品的过程中必然会遇到各种各样的问题，为了对这些问题与应对方法进行说明，商品说明书就需要使用大量的条件句来假定这些情况，然后再指出应对的方案。
多用被动语态	商品说明书是用来描述产品的，所以要立足事实，以事实为依据，所强调的应该是产品的本质特征，应该使用被动语态。被动语态的表达更加简洁，更符合商品说明书的要求。

三是商品英语说明书的语篇特点。由于商品说明书的目的是让读者快速地掌握商品的功能与用途，因此，它的语篇较简短，语句结构较简单，使读者能够一目了然。具体而言，商品英语说明书的语篇特点有以下方面（表 3-4）：

表 3-4　商品英语说明书的语篇特点

类别	内容
专业性强	专业性是商品说明书的突出特点，但同时商品说明书也要注重其应用性，综合考虑，它应该使用一些稳定性较强的词汇。商品说明书描述的产品对象涉及各行各业，甚至会有一些特定的"行话"。

(续表)

类别	内容
信息准确	消费者要想了解或者选择一个商品,就必须阅读其说明书,因此,商品说明书需要提供该商品非常详细、准确的信息,为消费者提供参考,同时也要引发消费者的购买兴趣。
语言客观	商品说明书必须全面、客观地介绍该产品,要做到实事求是、表达严谨,因此,商品说明书的语言也要做到客观严谨,从而真实地呈现商品。
通俗易懂	商品说明书面向的是广大的消费者,而这些消费者的文化水平必然存在差异,考虑到这一点,商品说明书的语言要尽量通俗易懂,不能过于晦涩,要满足大多数人的阅读需求。

第三,商品说明书的翻译原则。

一是准确原则与简洁原则。根据产品说明书的特点,译者在翻译的时候应该保证用语的严谨性与准确性,多使用一些逻辑性强的语言,并且应该尽量让句子简洁明了。一些产品可能构造比较复杂,所以在撰写产品说明书的时候,应该确保论述的正确性。由于消费者并不是业内人士,对产品不太了解,因此商品说明书应该尽可能少用复杂语句,多用平实、易理解的语句。

二是等效原则。由于说明书属于科技应用文的范畴,在翻译的过程中应特别注意它的语用功能。当前,许多商品的英文说明书都存在一些错误,其中语用失误现象非常普遍。说明书应该是对外交流的一种重要手段,如果出现错误,势必会影响海外客户对商品的了解,并且会有损厂家的形象,同时让顾客对产品的质量产生怀疑,这显然是有百害而无一利的。

此外,中西方文化之间还是存在思维模式差异的,所以在翻译商品说明书的时候,应该注意句法的选择和内容的描述方式。如果译者注意到了这种文化差异,就会运用各种翻译方法传达出原文的意思,并且还能够很好地迎合受众的阅读口味。

第四,商品说明书的词汇翻译。

一是词汇的翻译原则。从本质上来看,翻译就是一个理解与表达的过程,对于商品说明书的翻译来说,就更应该将产品的特点与用法等完美地传达出来。译者在翻译商品说明书的时候,就应该将英语词汇的"含义"以及"信息传达"等放在第一的位置,从而将原文的意思精准地传达出来,不能让读者感觉模棱两可。在翻译说明书的时候还应该注意用词的专业性，避免出现不伦不类的语言，同时，还应该注意用词的精练程度，让读者花最少的时间获得最多的产品信息。

二是词汇的翻译方法（表3-5）。

表3-5 词汇的翻译方法

类别	内容
意译	意译指的是根据原文的意思选择不同的表达方式进行中英文转换的一种方法。在翻译的时候，应该做到精准传神，用意译法翻译出的词汇一般科学概念明确，并且不会产生歧义，所以，在翻译英语科技文体的时候，意译法是不错的选择。
字面译	在一些专业的英语中，有很多新词的意思都是由旧词赋予的，一般而言，这些新词往往会带有一些隐喻色彩。例如，window的本意是窗户，用在计算机领域，就可以翻译成"窗口"，当读者熟悉该词的意思之后，就会让这个单词拥有一个新的约定俗成的意义。
音译	音译就是根据单词的发音进行的英汉互译的一种方法，从总体上来看，这种翻译方法是遵从一定的美学要求的，例如sonar声呐，clone克隆，等等。
半音半意译	对于一些专业术语而言，单纯用音译的话可能会显得不是那么正式，所以常采用与意译结合的方式进行翻译，例如Monel metal蒙乃尔合金，Doppler effect多普勒效应。
形译	在科技领域，许多科技专业术语为了更加形象地描述某种技术术语，通常会用英语字母的外形来表达，这种方法被称为形译法。
移植译	在翻译一些派生词或者是复合词的时候，多用移植的方式，所谓移植法指的是将单词中各个词素分别译出，例如microwave微波。因为有些专业术语是比较长的，所以在翻译的时候用移植法能更好地显示出单词的意思。
采用外文缩写词	在科技术语中，我们随时可以看到很多英语字母缩写，如果将这些词语翻译成汉语，就会显得比较拖沓，所以在很多情况下，我们就可以不对其进行翻译，这类单词在计算机以及生物领域中非常常见，例如ISDN（综合业务数字网）等。

译者在翻译之前应该明确这个词汇在说明书中的含义，并且尝试着翻译几个译名，对比之后可以挑选出一个最合适的表达。

商品英语说明书的翻译除了要求译者具有较高的英语水平之外，还要具备一定的汉语修养，只有这样才能将说明书的含义精准地传达出来。

第五，商品说明书的句法翻译。

一是祈使句翻译。在表达命令和请求时，就可以使用祈使句。在英文的商品说明书中也有一些祈使句，用来表达对某种事物的建议，并且具有强调的作用。所以，祈使句在英语中是比较常见的，往往用来表示"指示""叮嘱""告诫"等。

就表达方式而言，商品说明书的结构与语句等都是非常简洁的，并且限制于篇幅，说明书中常见一些简单句、祈使句以及片段等，所以，译者在翻译的时候也应该突出翻译的这些特点。

除此之外，在翻译商品说明书的时候往往要对商品使用的条件做出一定的限定，所以，在翻译的时候译者可以适当使用状语从句对条件予以限定。

二是被动语态翻译。被动语态的表达相对比较简洁，还能体现一定的客观性。商品说明书主要用于解释说明商品的功能效用，同样非常注重客观性和准确性。如果过度使用第一人称或第二人称进行表述，就会给人一种过度主观的感觉，缺乏客观性。因此，商品说明书的翻译应该尽可能地使用第三人称来表述，在翻译时使用被动语态。

三是非谓语动词结构翻译。针对商品说明书的翻译必须遵循三个基本原则，即清楚、简洁、准确，只有做到这三点，商品说明书才能真正体现其作用，让人们明白商品的功能与使用方式。具体而言，非谓语动词结构翻译有以下形式：首先，分词短语作定语。一般而言，分词短语作定语的翻译需要参考"单分在前，分短在后"的原则。单分指单个分词，分短指分词短语，即单个分词作定语时，要放在被修饰的名词之前；而分词短语作定语时，要放在需要修饰的名词之后。需要注意的是，分词短语作定语时，不管其在句中处于什么位置，都无须用逗号隔开，通常译者会用"的"字结构使其变成被修饰名词的前置定语。其次，动词不定式。动词不定式除了不能作谓语之外，其他任何句子成分它都可以充当。鉴于这种特性，动词不定式在商品说明书中出现的频率非常高，人们经常借助它来代替一些从句的表达。

（2）商务合同的翻译。由于英语是一种公认的世界性语言，所以商务文本一般都会用英语撰写，对语言表述的要求非常高，在措辞、文本结构、格式等方面必须做到严谨规范。因此，翻译商务合同必须考虑合同语言的特性，并在此基础上做到精准、严谨。

第一，商务合同翻译的标准。商务合同中的各项条款都对合同签订者的经济利益有着直接的影响，并且，一些涉外商务合同还需要考虑不同国家在法律规定上的差异。这为商务合同翻译增加了许多难度。此外，商务合同的文体结构非常严谨，用词规范严谨，这就要求在翻译之后译文也要做到严谨准确，以避免歧义。因此，商务合同翻译必须依照一定的标准进行。

一是准确严谨。商务合同具有较强的专业性，同时也具有一定的兼容性，为了满足人们对商务合同的严格要求，避免出现歧义与误解，商务合同的翻译首先要做到准确严谨。合同文本与其他文本相比具有一定的特殊性，它是对合同双方真实需求的文字记录，因此，合同文本的翻译对于文采韵味的要求几乎没有，它最注重的是准确严谨地将合同签订者的要求与意思表示出来。

用词准确是翻译商务合同的第一要义。商务合同中的词语翻译必须做到精准对应，还要体现出一定的专业性。例如，通常译者在翻译"accept"时，会将其译为"接受"，但是在商务合同中，就必须使用更加专业的词汇——"承兑"，同时，"acceptor"就应该译为"承兑人"。又如，一般情况下，"shipping advice"与"shipping instruction"的意思基本相近，不用做详细区分，但是在商务合同中就必须对二者进行明确区分："shipping advice"表示"装运通知"，即交易双方中的卖方向买方发出的通知；而"shipping instruction"则表示"装运指示"，即交易双方中买方向卖方发出的指示。同样的例子还有"shipment date"与"delivery date"，这两个单词都可以译为"装货日期"，但是在商务合同中它们还是有着细微的差别，"shipment date"指货物启运的日期，而"delivery date"指到货的日期。由此可见，在翻译商务合同时必须仔细辨别词语的含义，以免出现对合约的误解和纠纷。

二是规范通顺。合同是具有法律效力的文件，具有严肃性特征，因此在翻译过程中必须做到规范通顺。规范，就是要严格遵守法律语言的要求，呈现出契约文本的特点；通顺，就是要满足汉语的语法要求与语用习惯，保证译文能够被人清晰理解。另外，在进行商务合同翻译时，译者一定要遵循两大原则，一个是"准确严谨"，另一个是"规范通顺"。严谨是商务合同翻译的第一要义，如果翻译得不严谨就有可能导致签订双方最后对簿公堂；规范通顺是合同签订双方清楚表达自己意见的前提，如果译文过于晦涩，会让签订双方无法理解合同的具体内容，也就失去了翻译的现实价值。

第二，商务英语合同的词汇翻译。

一是商务英语合同的词汇特点（表3-6）。

表3-6　商务英语合同的词汇特点

类别	内容
专业术语 （单义性）	目前，国际贸易已经涉足诸多行业，这使商务英语合同中除了会经常使用到各种专业的法律英语外，对于其他学科领域专业术语的使用也同样比较频繁，例如 ocean bills of lading（海运提单）、freight to collect（运费到付）等就为常用基本贸易术语，而 expiration of contract（合同期满）则为拟定合同时的常用合同术语。虽然这些专业术语或词汇在日常交流中大多并不常用，但为了保证合同内容的明确、清晰，仍然需要进行权威的科学认证，只有确定这些表述不管怎样都不会出现歧义，才能放心地应用在合同中，用来进行商务合同的表述。实际上，专业术语之所以大多具有单义性，正是因为有上述要求。
普通词汇 （半专业性）	由于贸易活动早已遍布各行各业，在贸易合同中需要约定的内容自然非常广泛，因此，要求合同中所有的内容都通过专业术语来表示是不可能实现的，这就需要用到一些普通词汇。这些普通词汇的专业性必然比不上专业术语，但是其具有多义性，它们在合同中的应用使自身逐渐成为半专业性词汇，并延伸出一些新的含义。
外来词 （使用较多）	与汉语一样，英语在一千余年的发展历程中，同样对很多外来语进行了吸收融合，这些外来语虽然并不属于日常用语，有些甚至在是否为英文词汇上仍存在着争议，但在商务英语合同的拟定上，却常常会对这类词语进行延伸性的引用，最终使其演化为商务英语的一部分。例如 force majeure 在商务英语合同中通常表示"不可抗力或无法预见并通过人力避免"，该词汇源自法语；as per 在商务英语合同中表示"根据"，其来自希腊语。此外，如来源于拉丁语的 ad valorem duty（从价关税折扣）、来自法语的 claim（权利）等，也都在商务英语合同的拟定中有着较为频繁地使用。
古体语 （相对常见）	英语的发展过程主要分为古代英语、中世纪英语及现代英语三个阶段，受文艺复兴等诸多因素的影响，不同时期的英语在词汇方面的变化都比较大，不仅引入或创造了很多的新词汇，同时也有不少旧词汇因种种原因被淘汰或少有人使用，而古体语正是其中之一。古体语是指文体色彩较为鲜明的词汇语言，一般很少用于日常交流，而在商务英语合同中较常运用，古体语可以体现出庄重、严肃的合同语言特点。例如 here after（今后）、there in（在其中）等。虽然古体语与现代英语规范有一定的出入，但用在严谨、庄重的商务英语合同中却是比较合适的。

二是商务英语合同翻译的技巧。

首先，明确合同内容目的。翻译商务英语合同主要围绕语际转换来展开，这是为了保证原文与译文的一致性，从而让使用不同语言的合同双方都可以明确合同各项条款的含义与要求，以免因合同理解上的偏差而导致后续的合同纠纷。基于这一原则，在进行商务英语合同翻译时，译者最好从功能翻译理论的视角出发，对在具体翻译过程中出现的问题进行分析。一旦合同中出现词汇、词组、语句存在两种或多种不同的意思，应立即向合同拟定者进行询问，将该处合同内容的实际含义与目的明确下来，并告知合同双方的负责人，之后再根据这一目的来进行后续翻译，同时通过使用单义性词汇、调整或拆分句式等方式来得出译文，以免合同译文与合同原文在含义上出现差异。此外，由于合同中的各项条款都与签订者的利益存在紧密联系，因此，合同的翻译者具有特殊的职责，合同的翻译工作必然会对当事人的利益造成间接影响。可见，翻译过程中对功能翻译理论、忠诚翻译原则的坚持也是对翻译人员自身职业道德素养的考验。

其次，保证合同译文连贯性。由于商务英语合同文本具有法律效力，因此其词语、句法的使用都必须做到严谨规范，这就不得不重叠使用一些比较重要的词汇来完成表述。英语中的词汇重叠与汉语中的叠词大致相近，一般而言，其含义不会过分变化。但是在翻译合同的过程中遇到这些重叠使用的词语，就很有可能使译文变得烦琐冗长，合同双方理解起来也会比较困难。针对这一问题，翻译人员在对商务英语合同进行翻译时，还需坚持连贯性原则，对合同内容进行深入、明确的理解，在确定重复使用词汇并无其他特殊含义的情况下，按照汉语的词语使用习惯来进行翻译，即通过一个词语来表示多个重复使用词汇的相同含义，从而保证译文句子的连贯性。

再次，准确把握句法特征。鉴于商务英语合同的特殊性，在拟定合同时还需要对不同的句式应用范围进行限制规定。例如，陈述句一般用于表述合同双方的应得利益或支出，如付款金额、付款时间要求等，而被动句则主要用于对合同双方责任、权利、义务的明确，如货物包装要求、运输方式要求等。因此，在翻译不同类型的句子时，译者要先了解句子类型相对应的特征与应用范围，然后再选用恰当的汉语句型进行对应翻译。例如，在翻译结构复杂的长句时，由于这类句型在商务英语合同中通常用于说明一些容易产生歧义的权利、义务规定，而在汉语中则基本不会出现这类问题，因此翻译时需要将原文的长句拆分为多个含义明确、结构简单的短句，以便于合同双方理解。

最后，熟悉各类缩略词及其翻译标准。在商务英语合同中，经常会使用一些由简单字母、符号组成的缩略词来表达复杂含义，如 FOB 为英文 Free On Board 的首字母缩写，意为离岸价格，而 A/R 则表示 all risks，意为全险。对于翻译人员来说，必须要通过日常积累来熟悉这些缩略词的含义及其翻译标准，才能够保证翻译效率及译文的准确性。

第三，商务英语合同的句法翻译。

一是合同常用被动语态，翻译须为主动结构。合同中的被动句，能够准确标明合同一方的权利和义务，并且词汇的运用也合理，如果在合同中大量使用被动句，那么就能将合同的专业性体现出来，这对于合同的最终达成也非常重要。

涉外合同中被动句的翻译，可以巧妙地将被动语态转换成主动语态。例如，the case in dispute shall then be submitted for arbitration to the committee. 翻译的时候，将句子中的被动语态 be submitted 转换成中文的主动语态，本句出现的被动语态，如果我们按照英文结构直接翻译，显然不是地道的中文。所以，我们在翻译的时候，应采取主动结构，以符合汉语的表达习惯。故此，我们把这句翻译成："将争议提交给委员会进行仲裁。"又如，In case no settlement can be reached. 如果我们把它译为"如解决协议无法被达成"，显然不是地道的中文，因此一定要翻成主动句"如协商不能解决（分歧）"。这样理解起来就方便多了。

二是否定句。

首先，否定提前。在合同中会存在不少的否定句用来规范双方的行为，通常情况下，英语处理否定的方式有两种，不过这两种方式都是通过调整语序的方式实现的：第一种，可以将否定词放在情态动词或者助动词之后，这样就构成了陈述语序，否定的目的也就达到了；第二种，可以将否定词直接放在句首，调换情态动词或助动词与主语的位置，经过这样的挑战，就形成了新的语序，这就是倒装语序，同时，否定的目标也就达到了。而在合同中，关于否定的处理，我们一般都会使用第二种方法。

其次，移项否定。谓语的位置发生变化，将其转移到主语或者宾语的位置上，这就叫移项否定，这样做的主要目的就是要加强语气。

例如：倘若合同签订的双方都没有延长合同的意愿或者有一方并不同意延长，那么，到了合同结束之日，合同就立即失效。

译文：If neither party requests an extension, or if one of the parties says no to the extension, this contract will no longer be in force upon the expiration of the stipulated period.

三是抽象名词作主语现象普遍，翻译须转化。在涉外合同中，有大量的抽象名词出现，这既可以使行文凝练，也可以使合同更加严谨。但是在汉语中，却很少有这种抽象名词作主语或者宾语的习惯。为此，在进行涉外合同翻译时，须进行转化，即将英语的某一成分转换为汉语的另一成分，以力求行文的通顺流畅，并具有完整的含义。

例1：Partial shipments shall be allowed upon presentation of the clean set of shipping documents.

译文：分批发货是可以的，但有一个前提条件：需要准备一套清洁的装运单据。

在这里，shipment 与 partial 都实现了词性的转换，shipment 在译文中已经被转换成动词，而 partial 则被转换成了状语。

例2：The products fair will be held at Shanghai Expo, China with the Buyer's representatives.

译文：买方代表将参加在中国上海博览会举行的产品博览会。

(3) 商务广告的翻译

第一，商务广告的语言特点。随着社会的繁荣发展，尤其是全球一体化进程的不断推进，广告在经济和文化等领域中的作用越来越突出。广告语言在叙述产品功能时往往会非常生动，大众在听到广告时容易对产品产生联想，进而可能产生购买欲望，这是广告最直接的作用。语言在广告中有着非常重要的作用，它不仅影响着广告作品的成功与否，而且还会影响广告的传播效果。我们评判广告的成功与否，就是要看其是否对人们产生较强的感染力。此外，广告不仅是一种传递产品信息的传播媒介，更重要的是，它已经开始涉足艺术审美与社会文化领域。广告越来越成为一种视觉审美艺术，给人们带来视觉上的享受。

商务英语广告为了给受众留下深刻的印象，广告设计者通常会使用一切可利用的语言资源进行组织，从而实现广告目标。一般而言，成功的商务英语广告会具备以下特质：句子简短、用词精练、主题明确、内容突出。

一是商务英语广告的词汇特点。

首先，杜撰词增加新鲜感。广告必须要保证理念、内容的新颖，因为消费者已经看过了太多的广告，如果广告不具备新颖性，就很难吸引消费者的注意力。因此，很多广告都强调在立意上要保持新颖，这样做的目的就是博得消费者的关注，激发其购买欲，并最终促使其产生购买行为，修辞手段在广告中的应用就能达到这一效果。这使得很多广告设计者开始注重在广告中使用修辞手段，从而使广告看起来非常生动形象。杜撰词就是一种可以帮助广告设计实现这一目的的词汇，它故意违反传统语言规范，以提高语言的表现力，从而丰富广告的内涵。

其次，褒义词突出优越性。广告在对产品进行描述时往往需要对产品进行必要的渲染，而那些具有褒义感情色彩的形容词，甚至是其比较级与最高级形式，都能起到渲染的作用，因此这些词汇在广告的使用中非常频繁。在广告中使用褒义形容词，不仅能让顾客从主观上肯定商品，对商品留下深刻的好印象，更重要的是，这种好印象的建立有利于激发顾客的购买欲望，促使其购买行为的发生。

在广告中大量使用褒义形容词是一种必然的行为，这是为了能让顾客认同产品，good、beautiful、true、super等褒义形容词可以更好地对商品进行粉饰美化，也能让顾客对产品性能有好的期望。一些具有评价性质的形容词的最高级形式也经常出现在英语广告中，这些词汇使用的主要目的就是对商品的好品质予以强调，同时在很大程度上还能提升广告的销售价值。

最后，人称代词拉近距离。人称代词在英语中的使用频率也很高，它主要是用来表示行为动作中人与人的关系，因此，使用人称代词可以让广告商与受众之间建立一种紧密的关系。为了进一步拉近产品与受众之间的距离，广告英语常常选用第一人称代词来指代产品生产商,而选用第二人称代词来指代消费者,正是这种关系的确立,能让消费者对广告中宣传的商品产生好感,更重要的是,可以让消费者认可商品的质量,从而有购买的冲动。

二是商务英语广告的句式特点。

首先,多用简单句和省略句。广告的时长毕竟有限,时间太长的广告容易引起人们的疲惫感,因此,用最简洁的语言描述产品,是广告的特点之一。在商务英语广告中,短句、省略句以及各种简单句是频繁出现的,简洁的句式让商务英语广告的传播范围比较大。广告就是为了让消费者去购买商品,而使用大量的简单句一方面可以节省空间与成本,另一方面还有利于消费者对广告内容的理解,吸引其注意。

其次,运用祈使句。在广告语中还有一种"鼓动性"语言,使用这种语言的主要目的就是对产品进行推广与宣传。而祈使句本身就表达一种请求与命令,暗含着让人做事的语用功能,因此从这个层面上来说,在广告中使用祈使句是能够完全激发消费者的消费欲望的。商务英语广告也是如此,设计者常在其中运用祈使句以用最简洁的句子表达最直观的产品理念,让消费者真正了解产品的价值。

再次,精用疑问句。疑问句也是商务英语广告中的"常客",这是因为疑问句本身带着疑问可以让消费者产生共鸣,且疑问句的语调与其他句式的语调不同,它是一种上扬的语调,能让消费者对产品产生足够多的好奇心,进而自觉地去接触商品。疑问句在商务英语广告中的使用通常可以取得不错的效果。

最后,巧用平行结构。平行结构是一种修辞手法,它用语法结构来突出语言的意义,在语言表达的客观需要的前提之下,对两个或两个以上结构相同或相似、意义有关联、语气相一致的词、词组或句子进行主观的排列组合,从而使其可以构成一个整体。商务英语广告的传播性是广告设计者追求的广告设计目标之一,因此传播的范围越大,广告对消费者的影响力就越大,因而广告语如果结构均衡,且读起来朗朗上口,则非常有利于广告的传播,平行结构就能很好地满足广告的这一要求。因此,在不少商务英语广告中都能看到平行结构。

三是商务英语广告的修辞特点。

首先，比喻。比喻是在广告中经常可以看到的修辞手法，它内涵丰富，主要包括隐喻、明喻和换喻等形式。利用比喻修辞手法对产品进行描述，可使产品变得更加生动、形象，能让消费者更加直观地了解产品的特征，从而帮助消费者迅速定位自己的需求，能让消费者更容易接受产品。

其次，拟人。在商务英语广告中，拟人修辞手法的使用率非常高。商品毕竟不是活物，为了强化商品与消费者之间的联系，可以利用拟人手法对其进行人格化，让商品获得情感，这样人们在了解商品的过程中就会感受到一种亲切感。

再次，双关。双关是能够展现句子双重意义的一种修辞手法，不过其实现有一个条件，需要单词同音或者同形。由于双关能够表达双重意义这一特性，其在商务英语广告中使用频繁。

最后，夸张。夸张是对需要描述的事物进行过分渲染时所使用的一种手法。在商务英语广告中使用夸张的原因是，它能让产品的性能延展开来，让读者在没有见到产品实体之前通过自己的想象力对产品形成好感，从而使其对产品有更多认知，并最终获得不错的宣传效果。

商务英语广告是一种兼具时尚性与前进性的特殊的文体，它的主要目的就是要进行商业性的产品宣传，让更多的人了解产品的价值。此外，其还具有幽默、富有美感的特征，这也让其具有了一定的艺术性。对商务英语广告进行研究，具有重要的意义，首先具有很大的语用价值，其次又具有宣传产品的现实意义。

第二，商务广告翻译的原则。

一是目的性原则。从目的论的层面来看，一切翻译活动都必须遵循目的法则，换言之，翻译行为是以翻译目的为导向的。商业广告是一种不折不扣的商业行为，它最终的目的就是要吸引绝对多的消费者，所以广告设计者在进行广告设计时，往往以消费者为中心，而这样就保证了广告能够满足消费者的需求，并促使其主动进行消费。值得注意的是，这不仅是商业广告的目的，同样也是商务广告翻译的目的，且这个目的具有唯一性。所以，所有的商务广告翻译活动在开展之前都要有一定的目的。译者要充分考虑消费者身处的复杂的环境，保证商务广告翻译的准确性。

二是合法性原则。商务广告在进行商业宣传时需要符合相关的法律法规，许多国家因此建立了完善的商标法，可见，在对商标进行翻译时，译者需要进行全面考虑。例如，中国许多品牌的名字都是借鉴地名的，但是英国商标法则明确指出商标中是不能含有地名的，这就要求译者在翻译商标时要格外注意不同国家的法律问题。

三是文化适应原则。原文读者与译文读者由于生活的地理、文化环境不同，其往往具有不同的思维习惯与表达特点，因此在对同一条广告的认知上一般会产生不同的感受，这就要求广告译者需要了解两国的民族心理、风俗习惯等内容，只有这样，译者的翻译才能为译文读者所理解。广告是一种重要的宣传手段，从其自身层面上来说，它本身就是一种文化，因此译者在翻译广告时必须要熟悉不同国家的文化。

四是准确原则。商务广告最主要的一个功能就是在对商品进行全面介绍的基础上扩大其传播范围，从而激起消费者的购买欲望，触发其购买行为。所以从这里可以看出，要想实现商务广告的这一功能，就需要做到译文"准确"。

译者在翻译商务广告时必须要考虑译文的准确性问题，这是因为一旦译者理解错了源语含义导致译入语错误，那么肯定会失去广告原本的效果。且错误的广告信息很可能会对消费者产生误导，更重要的是，还可能会给商家的形象、信誉蒙上一层阴影，甚至商家还需要承担巨大的经济损失。所以，译者在进行商务广告翻译时，首先要做的就是调查产品，再在全面掌握产品情况的基础上进行翻译。

五是易记原则。商务广告就是要让更多人了解广告中宣传的产品，提高产品的知名度，因此其需要达到"易记"的效果。在进行商务广告翻译时，译者要保证译文的通俗易懂、生动，这样消费者可以对产品产生共鸣，同时也会在一定程度上激发他们对产品的联想，这样的一条广告必然会使人印象深刻。例如，Eat fresh，这是一条快餐店广告，该广告非常简洁，但又非常生动，直接就道出了快餐店可以让消费者吃到新鲜食物的主题。

六是委婉原则。在人类社会发展进程中出现了许多语言现象，委婉语就是其中之一，它的出现有效地改善了复杂的社会人际关系，让社会呈现出一派祥和的景象。

委婉语不仅在日常生活中使用普遍，在商务广告中的使用也非常频繁。因为有些广告如果讲解产品太直白，很可能会引起消费者的反感，因此，利用委婉语可以有效地降低这种反感的程度。所以，在对一些相对"敏感"的广告进行翻译时，译者一定要考虑广告商家的情况，在结合本民族语言表达习惯与特点的基础上，灵活使用委婉语，这样译出来的广告不仅能实现受众与产品的良好交流，而且还能降低产品的敏感度，达到了委婉的表达效果。

第三，商务广告翻译的方法。众所周知，广告语是一种具有较强艺术性和鼓动性的语言形式，广告语的功能和作用十分强大，它不仅具有较强的经济效益，还有一定的文化、宣传和审美功能。因此，译者在翻译广告语时要灵活地采用各种不同的翻译策略。

一是直译。直译就是指译者在进行具体翻译时考虑了原文的形式与内容，采用与原文内容和风格都对应的方式翻译，这样的翻译方法能够使译文更加符合原文，使读者充分了解其他国家的文化和历史等。例如：

例1：Poetry in motion, dancing close to me. —Toyota
译文：动态的诗，向我舞近。——丰田
例2：We lead, Others copy. —Ricoh
译文：我们领先，他人仿效。——理光复印机

虽然直译有对原文忠实程度很高的优点，但是这样的译文往往显得枯燥，缺乏广告语应该有的灵气、流畅性和可读性，很难打动消费者。此外，这样的译法还有可能在两国有文化冲突的情况下，给消费者留下不良印象以及对产品产生排斥心理。

二是意译。不与原文在形式上保持一致，而是译者在充分理解原文的基础上结合广告受众的心理以及文化习惯等进行翻译。这种翻译方法更加灵活，需要译者具备较高的翻译技巧，因而意译的作品语言更加优美，更加易于读者理解。例如：

例1：Ideas for life! —Panasonic

译文：联想创造生活！——松下

例2：Make yourself heard. —Ericson

译文：理解就是沟通。——爱立信

这些译文表面上看和原文不甚对应，细读之下，译者并不曾增加或删减原文的内容，故其翻译不失原文精髓。

三是创译。依据不同的原因对创译进行分类，可以分为强制性创译与选择性创译。一般而言，强制性创译是指目的语中并没有与原文相同或相似的表达，需要通过创造进行翻译。例如，在李善兰和英国传教士韦廉臣所著的《植物学》中，有很多词汇是汉语表达中没有的词汇，因而李善兰就在这本著作中创译出了很多新的名词，如"植物学"等。随着越来越多的人学习和认可这本著作，就会有越来越多的人熟悉并认可这种固定的词语搭配。需要强调的是，选择性创译并不是译者要翻译出新的词语，它只不过是一种特殊的翻译手段。具体而言，当译者在翻译广告时，发现原文的广告语言平淡、没有吸引力，这时就可以适当地采用选择性创译的方式来翻译原文广告，从而吸引读者的注意力，并赋予广告语新的内涵。

例1：北京欢迎你。

译文：We are ready.

普通人可能会认为"北京欢迎你"翻译成"Welcome to Beijing"是极其恰当的，但是此处却进行了创造性翻译，将其翻译成"We are ready"，突出了中国人民对奥运所做的不光是简单的迎来送往，而是在物质、安全乃至环境方面都投入了巨大成本，使国内外宾客放心而来。此外，简单的翻译，读来朗朗上口，简单易记，实践证明该句广告语在奥运期间广为传播，使用效果良好。

例2：Things go better with Coca-cola. —Coca-cola

译文：饮可口可乐，万事如意。——可口可乐

例3：Intel Pentium：Intel Inside. —Intel Pentium

译文：给电脑一颗奔腾的"芯"。——英特尔奔腾处理器

通过上述分析可以发现，有些译文补充了相关信息，有些译文则删除了一些信息，甚至还更改了部分语句，这使得新的译文框架已经与原文并不一致，它是译者重新创造的产物。这里的创造是从英语广告的特殊性出发的，这样的创造能让翻译彻底摆脱形式上的束缚，追求内在精髓的统一。如果从读者的角度来看，这种译文也是成功的，能为读者所接受。

四是零译法。零译法与不译是不一样的，它主要是人们现代的交往观念随着时代的变化而产生的变化。经济全球化进程不断推进，在各国频繁进行经济交流的过程中，文化交流也被提上日程，因而人们开始熟悉和接纳其他的文化符号，这就为零译这种方法的出现奠定了重要的基础。零译法的发展经历了几个不同的阶段，即音译和移植。不过，如果严格来讲，零译就是一种对移植的翻译形式的选择。换言之，在翻译过程中，译者不对外文符号进行处理，而是将其直接应用在译文中。在全球化背景下，移植不仅加强了各国之间的文化交流，而且还让各国逐渐意识到文化是可以互相补充发展的。在商品品牌翻译中也存在许多零译现象，如我们非常熟悉的"LG"。

五是套译法。所谓套译法，就是译者在充分熟悉和理解原文的基础上采用某种固定的模式来翻译原文，它翻译的前提就是译者要准确表达出原文的意思。简而言之，套译法就是译者在翻译的过程中采用模板进行翻译。套译法有很多优势，它不仅能够使译文读起来朗朗上口，更重要的是，因为译文符合目的语读者的阅读习惯，所以它还让读者乐于阅读译文内容，并记住所阅读的内容。通过套译法翻译出来的译文能强化读者的记忆，所以在广告翻译中的应用比较普遍。

例1：Apple thinks different. —Apple

译文：苹果电脑，不同凡"想"。——苹果电脑

上述例句中，原文的意思是"苹果和其他人的思维模式不同"，而译文则

重点突出"想"这个字,使人们看到苹果的优势和与众不同。

例2: Kids can't wait—Apple
译文:不尝不知道,苹果真奇妙。——苹果公司

(4) 商标的翻译。随着世界一体化的不断推进,我国与世界各国之间的联系变得日益密切,中国也有很多优质的产品在世界范围内受到欢迎,在这个过程中,商标发挥了重要的作用。商标具有很好的宣传产品或者服务的作用,它能够加深消费者对于产品的印象和好感,这要求译者在翻译商标时要综合考虑各项因素,不仅要考虑商标本身的价值和意义,还要考虑产品或者服务使用者的心理和消费习惯。本章重点探讨商标翻译的相关问题。

第一,商标的类别。

一是商品商标和服务商标。人们可以根据商标的使用对象将商标划分为两大类:第一类,商品商标;第二类,服务商标。其中,商品商标主要贴在商品的包装上面,它的主要功能就是让消费者了解和区分不同的商品,而服务商标则是用于标记服务的项目。

二是注册商标与未注册商标。人们可以根据商标是否在相关的部门进行注册来划分商标,包括注册商标和未注册商标。所谓注册商标,就是该商标已经在相关的部门注册备案,而那些未注册的商标则没有在相关的部门注册备案,它只能供商品权人使用。

三是驰名商标。人们可以根据商标的知名度来划分商标,可以分为两大类:第一类是普通商标,第二类是驰名商标。这二者比较容易区分,那些在较大领域和范围中具有较强影响力和知名度的商标就是驰名商标,反之就是普通商标。从法律的角度进行分析,我国的法律更加重视保护驰名商标的相关利益,不允许其他组织注册和使用已有的驰名商标。

第二,商标的作用。众所周知,在市场经济中,商品的生产、流通以及销售等各个环节都离不开商标。由此可见,商标发挥着重要的作用。下面主要从三个方面来具体分析品牌的商标对于品牌的意义和作用。

一是区别商品的生产者、经营者、服务者、进货来源及档次。在任何领域

中,相同种类的商品往往会有多个不同的生产厂家和生产商,这时消费者往往通过商品的商标信息来辨别商品的生产者、经营者等信息,以便于消费者精心选购其心目中的名牌产品及有良好信誉的生产者或经营者的产品。此外,商标往往还能说明产品的档次,如汽车中的奔驰和宝马代表德国产的高档车,而丰田则代表日本产的中档车。

二是代表商品质量和服务质量。在日常生活中,购买产品的消费者通常都会把产品的品质和商标联系起来,他们认为那些产品商标与产品的质量是成正比的。因此,商标一般是产品质量的象征和生产企业的商誉。在目前的国际贸易中,有很大比例的交易是凭商标进行买卖的。

三是有助于商品和服务的广告宣传。好的商标设计,往往图形醒目、文字简练,便于消费者识别和记忆。当生产厂家利用其商标来宣传自己的产品时往往能够取得比较理想的宣传效果,因而人们一旦信赖这个品牌及其商标,就愿意购买其相关的产品,这种宣传效果远远要比烦琐的文字更加鲜明,它能够使消费者更加信赖品牌,从而使消费者在购买商品之后能持续地对该品牌形成依赖。

第三,商标翻译的原则。

一是准确的原则。人们在日常生活中能够看到很多商标,有一些十分成功的商标已经在人们的脑海中根深蒂固,对人们的思想和选择产生了重要的影响。有一些驰名商标的产品,其销量十分可观,产品的质量和品质也有保障,因而人们在选择相同系列的产品时会优先选择那些商标驰名的产品,这就是商标的价值体现。商标对于产品的质量以及营销都会产生重要的影响,因而译者在翻译商标时一定要仔细揣摩消费者的消费心理和实际需求,商标在词语的选择上尽量选择那些寓意美好或者令人十分舒服的字眼,从而使消费者能够一眼注意到这个商标,并使消费者愿意进一步了解商标背后的产品,这样才能够达到实际的营销目的。

例如,可口可乐这款饮料的英文名字是"Coca Cola",它在中国市场的最初译名并不是"可口可乐",因而这款饮料的销售并不是十分理想。后来相关的人员试图把"Coca Cola"翻译为"可口可乐",很快这款饮料的销售业绩就有了明显的提升。因为这个商标的翻译十分成功,它不仅在发音上面和英语的名字基本保持一致,其汉语名字也符合中国人的审美心理以及中国人对美好的一种向往。又如在世界范围内都享有盛誉的领带品牌"Goldlion",如果译者只是根据该品牌的英文名字意译的话,它的中文商标名字就是"金狮";然而在汉语的发音中,"金狮"和"金失"的发音比较相似,这就比较容易使消费者产生十分不好的心理感受和印象,如果把这个英文商标的名字翻译为"金利来",就十分符合中国人的消费心理,而且这个商标的每个汉字都寓意美好,有吉祥、好运来等意思。

其实,在商标的翻译实践中,还有很多商标在翻译的过程中遵循准确的原则,并且结合不同民族的文化背景,从而使商标的名称发挥其应该发挥的价值。如我国青岛著名的品牌"海信",它的英文译名就是"Hisense",实际上,它是由两个不同的英文单词组合而成的名字,即"high"和"sense",这两个词语的意思就是较高的灵敏度和较高的清晰度。当消费者看到这个英文商标时,他们就会对这个商标产生好感,并愿意进一步了解其相关的产品。

二是适应的原则。众所周知,不同的地区和民族具有不同的风俗习惯、处事原则以及态度等,因而每个人都会在不知不觉之中形成特定的文化感知习惯。这种长时间形成的感知习惯会对人的很多方面产生较大的影响,如人的价值观念、审美标准以及消费选择等。因而译者在具体的商标翻译实践中必须要遵循适应的原则,即译者在翻译时要充分考虑目的语消费者的语言表达习惯、文化氛围以及审美理念等,而不能直接把商标的名字直译,直译商标的名字会产生很多难以想象的后果。

例如,在中国,"Peacock"即孔雀,是一种深受中国人喜爱的鸟类,它的羽毛十分漂亮,很多人都喜欢购买带有孔雀图案的饰品或者衣服等;然而在法国,法国人却对孔雀有十分不好的印象,在法国人的文化和观念中,孔雀代表着骄傲、炫耀等思想,因而不受人们的欢迎。又如,在中国有一款十分受欢迎的电扇,其商标为"蝙蝠",在汉语中,由于蝙蝠中的"蝠"和"福"字的发音相同,因而很多人认为蝙蝠是一种十分吉祥、能够给人们带来福气的小动物;然而在西方国家,他们认为蝙蝠这种小动物非常吓人,难以接受以这个名字命名的商标产品。总而言之,译者在翻译商标时要遵循适应的原则,多了解和熟悉其他国家和民族的文化。

三是简洁的原则。商标名称翻译应该力求简洁，简洁的形式能让消费者一眼就记住，也有助于广告的传播，从而让更多的人认识产品。一般而言，英美国家的不少商标多为两三个音节，所以按照音译法译成中文时比较容易做到节奏连贯自然，如 Kodak（柯达）、Simens（西门子）等。但是，比较而言，中文商标由于受汉语发音影响，音节繁多，如果采取音译法翻译，对英美及其他国家的消费者而言，这种商标译名就是看不懂、念不出的一连串符号，无法发挥商标的宣传作用。如"正大青春宝片"按照音译法译成"Zheng Da Qing Chun Bao Tablet"，必然会使消费者不知所云，成为中文商标英译的失误。另有一些译名，虽不是简单采用音译，但没有注意文字的简洁，也不能说非常成功。如"云山"译为 Cloud and mountain，"红梅"译为 Red Plum blossom，这样的翻译很难将产品的特征突出出来，也不具备商标的特征。为此，中国知名的儿童护肤品牌"美加净"则在翻译中重视上述问题，译者将"美加净"的英文名字翻译为"MAXAM"，商标十分简洁，易于受众记忆。又如译者将河南省知名的"新飞"翻译为"Frestech"，这种商标的翻译不仅简洁、符合品牌的形象，也有利于西方人的理解和记忆。

四是等效的原则。众所周知，在任何一件商品的生产、营销、流通过程中，商标都发挥着十分重要的作用，它能够宣传产品，让更多的人了解这个品牌，加深受众对品牌的认识。因而好的商标能够强烈地吸引消费者的注意，激发消费者的购买欲望，而译者在翻译商标的过程中最重要的就是遵循功能对等的原则，即等效的原则。从严复的"信、达、雅"到鲁迅的"宁信而不顺"，再发展到后来傅雷的"神似、形似"，这些不同观点的提出，在一定程度上表明了翻译活动所遵循的功能对等原则在实际操作中具有相当的难度，更多是一种努力的方向，而不是翻译的现实。

最初，译者开展翻译工作就是为了使原文与译文在各个方面都保持对等，即保持信息、风格以及语言方面的对等。人们衡量译者的翻译水平的主要依据就是读者阅读译文之后的反应和感受。在商标的翻译中，译者也要重视消费者对商标译名的看法和感受，这样才能符合商标的功能对等原则。从这个层面进行分析，我们认为译者在翻译商标的过程中应该遵循等效原则。换言之，译者在翻译商标时需要遵循的指导性原则就是等效原则，即译者在翻译商标时具有较大的自由度，译者要重视的就是商标的语用等效。因而译者在翻译时可以适当变通，不用刻意追求原文商标与译名商标在各个方面都保持对等，那是很难实现的，而且可能会影响商标的翻译效果。

众所周知，在中国，"杜康"是一个十分知名的酒的商标，而且在汉语的表达中，"杜康"也有很美好的寓意，即利用"杜"和"肚"的谐音传达"好酒下肚（杜），平安健康"的寓意。因此，杜康酒在中国也十分畅销。对于西方人而言，他们没有听说过这个品牌的白酒，如果译者直接按照音译法把"杜康"翻译为"Dukang"这个商标时，西方人就会感到十分迷惑，不明白这些毫无联系的字母组合的含义，因而也很难起到较好的宣传效果。这时译者就可以变通地翻译，译者选择了西方文化中人们普遍接受和喜爱的神话故事形象来翻译杜康，即用酒神的名字"Bacchus"来翻译"杜康"，这就达到了语用对等的目的和效果，也能间接地消除西方人的疑惑。

第四，文化差异对商标翻译的影响。

一是思维方式差异对商标翻译的影响。众所周知，中国和西方各个国家之间的文化存在较大的差异，尤其是中西方的思维方式。具体而言，中国人的思维更加倾向于形象思维，中国人更加愿意接受比较形象化的事物；而西方人的思维则更加倾向于抽象思维，西方人更加愿意接受比较抽象化的事物。所以译者在翻译过程中要重视东西方人思维方式上的差异，从而避免出现文化的冲突和消极的影响。在具体的商标翻译实践中，当译者把英语的商标翻译为中文的商标时，译者一定要把商标进行感性处理，从而使中文的商标更加符合中国人的思维方式，如"Coca Cola"，译者把它翻译为"可口可乐"，就能给中国人一种阖家团圆、圆满快乐的感觉，符合中国人的思维方式，因而也能受到中国人的喜爱。

二是社会价值观差异对商标翻译的影响。中西方文化之间的差异不仅体现在思维方式层面，它还体现在社会价值观层面，因而译者在翻译商标时不能只看商标语的字面意思，还要考虑社会价值观等因素对商标翻译的影响。例如，中国的上海地区有一款深受学生和教师喜爱的钢笔品牌，即白翎钢笔，它之所以深受消费者喜爱，是因为这款钢笔的质量非常好，它的价格也比较公道，不是很昂贵。然而，当这个钢笔企业把市场推向国际市场时，它的销售却不尽如人意，究其原因，就是因为它在国外的商标翻译有问题。在国外市场，译者将"白翎钢笔"直接翻译为"White Feather"，这个单词在西方人的价值观中就是"懦弱"的意思，因而西方人看到这样商标的钢笔产品自然不会买单。此外，在西方人的价值观中，他们推崇个人主义，因而西方出现了很多以个人的名字来命名的商品；而在中国人的价值观中，中国人推崇集体主义，因而中国会出现很多推崇集体主义的商品名称，如著名的汽车品牌"大众"等。

总而言之，在企业和品牌的营销中，商标发挥着十分重要的作用，译者在翻译商标时要综合考虑多种因素，这样才能使商标更加符合当地人的心理，受到当地人的追捧。

第五，商标翻译中的文化原则。

一是语境原则。在跨文化翻译的过程中，译者应该多考虑文本所处的具体语境，只有对语境进行深入分析，才能明确交际双方的具体任务，从而做好语言的转换工作。但是对于一些译者来说，他们在翻译的时候往往不注重文化语境，翻译的程度不够，有时甚至还会误译。有些译者过于追求句法的完美，但却脱离了固定的语境，这显然也是不利于提高译文质量的。在翻译的时候，语境因素是非常重要的，所以在具体的翻译实践中，译者应该重视对语境的翻译。

二是意义原则。处于不同文化背景下的人对于同一个事物的认识与理解是不同的，所以在进行跨文化交际的时候必须清楚地表达出自己的意思，并且在表达的时候应该充分考虑语境因素，实现意义的对等转换。在翻译商标的时候，译者应该注重将原商标的意思展示出来，同时还应该考虑具体的语境因素，尽量实现原商标与翻译商标意义的对等。在跨文化交际的过程中，人们希望通过使用不同的语言，从而达到意义上的"融合"，在翻译商标的时候，对译者的要求就会更高一些。

三是禁忌原则。由于人们所处的文化背景不同，不同的文化有自己独特的禁忌，在翻译商标的时候就应该注意文化禁忌。如果一个译者不清楚某个地方的禁忌的话，显然会影响产品的销路，甚至会出现群体抵制这种产品的现象，这就会伤害彼此之间的情感。在跨文化交际的过程中，交际双方应该对彼此的禁忌有更清晰的了解，从而让产品拥有更好的销路。

第六，商标翻译的常见方法。

一是符合目标市场的文化特点。不同国家的人拥有不同的文化背景和消费习惯，同时他们对事物的理解程度也是不同的。1921年创立的"白象"牌电池在其推向国外市场时，曾命名为"White Elephant Battery"，不料其销量极差。公司经过调查才发现，原来"白象"在英语国家中的意思并不好，指一些比较累赘而且非常昂贵的大东西，由于西方文化中并不认同白象的汉语意思，所以西方人也不认同白象电池。1961年，可口可乐公司推出了一种名为Sprite的柠檬味饮料。在这款饮料进入中国市场之前，公司需要确定其中文翻译；但是公司发现"sprite"在汉语中有"魔鬼"的意思，很显然，中国人是不喜欢这个单词的，如果用"sprite"命名产品，显然不会取得很好的效果。所以经过公司管理层的讨论，"sprite"最后被翻译成了"雪碧"，而且这一译文对饮料的宣传起到了重要的作用。在宣传上可口可乐公司主打"清凉"，作为一种饮料，也恰恰符合其实用性，所以雪碧在中国实现了较大的销量。可见，译者在进行商标翻译时，不能单纯地依靠自己的主观臆断，而是应该从目标市场的文化出发，考虑译文是否符合目标市场的文化，这样的商标翻译才具备合理性，才能帮助企业创造较大的经济效益。

二是符合目标消费者的审美情趣。我们在表达美好祝愿的时候，经常会用到"福"这个字，不管是"幸福""福气""福字"等都表达了一种美好的寓意。在珠宝领域，人们也喜欢用"福"字，例如我们中国人都非常熟悉的珠宝品牌"金六福""周大福"；而西方人有着很多神话，他们非常崇尚这些神，所以一些珠宝品牌就用神的名字命名，"Pandora"（潘多拉）就是最具代表性的例子。

三是符合目标市场的表达习惯。在价值蕴含与数字表达上，东西方也有着显著的差异。东西方对同一个数字"13"的理解就有着明显的不同，在西方人看来，13是一个非常不好的数字，非常不吉利，所以西方人都非常避讳这个数字；但是在中国的文化中，这个词并没有不同，王守义十三香中就有十三这个词，代表了这种调料中含有的成分是多种多样的，在西方如果想让这个产品打开市场，就不能翻译出"十三"的意思，而应该翻译为"Shi San Xiang"。

第七，商标翻译的语用策略。在识别商品时，往往会用到商标，商标对人们的日常生活会产生深远的影响，如果产品拥有一个良好的商标，那么就会帮助其打开销路，甚至会风行全球；如果商标的名字不好，则会影响产品的销量。

一是突出商标的表意功能。在翻译商标的时候，应该明确商标的表意功能，只有这样才能树立商标的形象，并且体现出商品的特色。

二是展示民族文化，把握联想意义。我们可以将商标看成展示自己民族文化的一个窗口，通过展示可以促进中西方文化的交流。在翻译商标的时候应该尽量凸显出民族的风格，并且展示出民族的特色，从而加深消费者对商标的了解程度，从而增加其购买需求。

英国有一家食品公司，公司的商标为 Anchor，该单词的本意是"船锚"，预示着产品稳定的质量，在译成中文的时候，将其译为了"安可"，这样就拥有了简明的联想意义。还有一种橡胶轮胎的商标是 Goodyear，这是为了纪念硫化橡胶的发明人 Charles Goodyear，于是用了他的姓氏作为商标；但是在翻译的时候，如果将其简单译为"古德伊尔"，显然难以引发人们的联想，所以译者在翻译的时候将其译为了"固特异"，不仅保留了原来商标的读音，还让人感觉到商品是耐用的。

三是取吉求利，迎合消费心理。一个好的商标名，能够对消费者的心理产生极大的影响，为了让商标拥有一个更好的译名，在翻译的时候译者就应该仔细斟酌，从而选择出一个最好的词语。

在西方，Bowling 是人们非常喜欢的一种运动器材，译者在翻译的时候将其音译为"保龄"球，常参与该项运动能够让人更健康，并且"保龄"还有"益寿"的意思，所以非常符合大众的心理，从而获得了人们的喜爱。还有自行车品牌 Giant 在国外也非常受人欢迎，其字面意思是"巨人"，将其音译为"捷安特"之后，就能让人对其性能更加放心，从而迎合了消费者的心理。

四是切准市场定位，追求新的商业观念。在一定程度上，商标能够反映出商品的定位和消费群体，所以在翻译商标的时候应该立足于商品的销售对象，从他们的立场与喜好出发进行翻译，这样就可以起到促进销售的作用。

例如化妆品Avon（雅芳）、Arche（雅倩）中的"雅"字是非常受中国女性欢迎的，"雅"意味着"优雅""雅致""典雅"等，让人感到使用该化妆品的女性是非常有品位的，从而吸引一些顾客购买。

Safeguard在国外销量很好，在将其译为"舒肤佳"之后，其在我国的销售情况也很火爆。

五是注意文化移情，符合审美心理。在翻译商标的时候，译者应该秉承"易读易记"的翻译原则，一般而言，汉译的商标可以采用两个字或者三个字，这种翻译方式是比较常见的。

从汽车领域来看，不管是"奔驰"还是"保时捷"，都会给人一种高贵、美好的感觉；从餐饮领域来看，"全聚德""麦当劳"也都各具特色，很显然，译者在翻译的时候，就应该多注意文化的移情作用，尽力使翻译出的单词能够激发消费者的猎奇心理，从而为产品打开销路。

Transformer（变形金刚）这种玩具能够起到开发儿童智力的作用，所以受到了小朋友的喜爱。Transform（变形）指的是这种玩具能拥有不同的组合方式，并且可以拼成不同的形状；把"er"翻译为"金刚"，比喻这种玩具拥有如同金刚般强大的武艺，这显然就成了儿童心目中最好的玩具，吸引了很多小朋友的目光。

在不同的文化背景下，人们对同一种事物的看法是不同的，那么能否跨越文化障碍成功进行翻译就是译者所必须着重考虑的问题了。这显然会影响产品的销量，所以从社会学的角度出发，提高民众的社会语用水平是极为重要的。

(5) 商务信函的翻译。不同厂家之间交流业务、沟通感情经常会用到各种函件，这就是我们所说的商务信函。这种商务信函一方面能起到商务交流的作用，另一方面也能起到传播商业文化的作用。

如果通过商务信函对交易的内容和条款达成协议后，以此制定的相应合同中的条款就不能再作改变；如果交易双方因为某些问题出现了纠纷，则需要检查双方所有往来的信件，以明确纠纷的原因与责任方。所以，从这个方面上来说，商务信函还是纠纷的证据。商务信函通常一事一信，以便管理，避免混淆。

第一，商务信函的格式分析。了解商务信函的格式，是书写商务信函的第一步,对于翻译人员也是必要的。一般而言,商务信函的格式主要有三种:齐头式要求信件格式的对应性,便于打字,不易出错,美国人采用较多;缩进式要求信内地址各行依次往右缩进,正文各段落首词向右缩进5个字符,签名部分顺次靠右,其优点是各部分信息清晰,易于阅读,英国人采用较多;改良齐头式则是结合了齐头式和缩进式两者的优点。但是,不管是怎样的格式,不同的部分都以空行的方式隔开。

第二,商务信函的要素组成。

一是信头部分。

首先,信头部分要有发信人的地址。如使用公司印好的信笺纸,公司的名称、地址、电话号码、邮箱、传真等信息都是现成的。若要自己书写,则应该按照约定的顺序,这个顺序为门牌号码——街道——城市——国名。如果是与自己非常熟悉的人联系,地址就可以省略。

其次,日期。

美式写法:月/日/年,例如 "November 12,2015"。

英式写法:日/月/年,例如 "12 th November,2015"。

注意,不要全部用数字来书写日期。

最后,参考文号。文号或编号的作用是将前一封信件与该回复联系起来,以确保信件准确地送达相关部门和人员手中。在信头的下方,信内地址的上方,一般都会留有 Ref No. 的空位。

二是开头部分。

首先,收件人及地址。收件人地址包括的内容非常丰富,有收件人姓名、公司名称、城市名、邮政编码等,不过,这并不意味着所有的内容都必须写上,书写者可以根据具体的情况自行选择。例如:

Mr J. Trump
Production Manager
Vice Power Inc.

其次,经办人(Attention line;ATTN)。经办人有多种写法:MS. Jane

Harper; Attention: The Sales Manager。如果收件人地址上已写明，就不用加写这一行。此外，Attention 的对象应与信封上的收信人相同。

最后，称谓。即写信人对收信人的称呼。不知对方的性别，那就写"Ladies and Gentlemen"或"Dear Sir or Madam"。

三是正文部分。

首先，信函的称谓下面可以加上一行"主旨"，作为信件的标题。加上主旨有助于读者快速了解信件的主题。主旨必须简明扼要，让人一目了然。主旨的写法有以下三种：

Re：Information Technologies Conference
Subject：Information Technologies Conference
SUBJECT：Information Technologies Conference

其次，信件正文。信件由很多要素组成，信件正文是信件最主要的内容，包括开头语、正文、结束语等。书写时要注意将信息有效地传达给对方。

四是结尾部分。信件的结尾部分一般包括以下方面（表3-7）：

表3-7 信件的结尾部分

内容	填写方法
结尾敬辞 （Complimentary Close）	需要在结尾处的敬辞后面加上逗号，同时敬辞的第一个字母必须大写。需要注意的是，还有一种收件人姓名不明确的情况，这时书写者就可以采取以下格式：Dear Sir/Madam。如果知道收件人的姓名，则可以使用以下格式：Yours sincerely/Yours truly。
亲笔签名 （Hand-written signature）	采用亲笔签名一是为了表明信件的执笔者愿意为信件的内容承担责任，二是为了防止他人冒名顶替。
公司或职位（打字）， 即 Title（typed）	如果以公司的名义签署信件，则应先打上公司的名称，用大写字母，再由公司授权人名，再打上其头衔。例如： PAN AMERCIAN ELECTRONIC CORPORATION Robert B Lodge（Signed） 若公司没有授权该人签署信函，则在名字前加 By 或 Per，或者在公司名称前加 For。

(续表)

内容	填写方法
鉴别符号 （写信人和打字者的姓名缩写）	如果打字者与执笔人并不是同一人时，就应该取其姓名的首字母进行缩写。
附件 （Enclosure；Enc.；Encl.）	如果只有一个附件就可以用 Encl. 来表示，如果有多个附件则用以下表示方式：Enclosures (3)；Enc (3)。
抄送 （Carbon Copy；C. C.）	若信件要送给收件人之外的其他人，则将该人姓名或部门写在后面。
附言 （Postscript；PS.）	补充叙述附加项目时可以使用，但有时要提醒对方注意。附言部分一般放在 C. C. 的后面。如果没有特别需要补充和提醒注意的项目时，尽量避免使用。

通过分析以上商务信函的基本要素，可以看出收件人地址、寄件人地址、称呼、签名等这几项都是必不可少的要素，其他的部分则应该根据具体的情况进行应对，一般而言，收件人和寄件人的地址都应该写在信封上。

第三，商务信函的语言特点。商务英语信函与一般书信有共性，但由于其具有一定的特殊性，因而从性质上来说，它又兼具公务与法律文书的特点。用词上多使用书面语、专业词汇、缩略词；句式上具有严密准确、礼貌体谅的特征，表现在语言结构上就是使用结构复杂完整的长句、被动句及委婉、礼貌的句式等，语言表达程式化。

一是商务英语信函的词汇特征。

首先，多用专业词汇。商务活动是比较正式的活动，这使得商务英语也非常正式，所以它的专业性非常强，对于词汇的选择要求极高，要求词汇非常精确。因此商务英语中充斥着大量的专业词汇，且这些词汇在具体的商务语境中还存在不少特殊的用法。由于商务信函是对外的，具有涉外性质，因此要求专业术语的意思必须固定，只有这样才能保证所有人都清楚词汇的含义。例如，coverage 在商务英语中是"险别"的意思，而 premium 在商务英语中则是"保险费"的意思。

例如：In addition to the liability covered the aforesaid total loss and with average insurance, this company shall also be liable for the total, or partial loss of the insured goods caused by shortage, shortage in weight, leakage, breakage, hook, rainwater, rust, wetting, heating, mould, tainting by odor, contamination, etc. arising from external causes on the course transit.

译文：本公司除了承担全损险和水渍险的责任之外，还会对被保险货物在运输中由于受客观因素影响而造成的全部或部分损失负有赔偿责任，这些损失通常包括短少、短量、渗漏、破损、钩损、雨淋、生锈、受潮、受热、发霉、串味、玷污等。

在外贸实务中，货物经由海上运输，可能会由于各种海损（Average）或意外造成损伤。基于此，买卖双方均会办理运输保险。而上句中提到的 total loss（全损）是海损的一种，还有一种叫作 partial loss（部分损）。"with average"（水渍险）又称单独海损险。所以，译者平时应该多积累补充外贸实务方面的知识。

英文当中有些普通词汇在商务交流中有了专业词义，例如，"draft"一词在一般英语中的意思为"草稿"，而在商务英语中，其意思就变为"汇票"；"ceiling"一词在一般英语中的意思为"天花板"，而在商务英语中，其意思就变为"最高费用"，这些普通的英语词汇在商务英语中就展现了其专业术语的属性。因此，为了更好地进行商务英语翻译，译者在日常学习生活中要注意积累这些专业术语。翻译时，通过分析上下文确定词语的正确含义，按照约定俗成的译法，做到专业规范。

其次，大量使用缩略词。

例如：In view of the amount of this transaction being very small, we are prepared to accept payment by D/P at sight (at 60 days sight) for the value of the goods shipped.

译文：因为这笔交易的金额并不大，因此，我们可接受使用即期付款交单的方式来支付货款，也可以接受60天的远期付款交单的方式。

D/P 在商务英语中是一个专业术语,它是 "documents against payment" 的缩写,表示的意思为"付款交单",这是国际上普遍认可的一种支付方式。这种方式具体的操作程序为:当所有的票款付清之后,单据交给付款人,这种方式在商务经济活动中经常使用,因为它有效地维护了卖方,降低卖方的风险。

再次,多用书面语。在商务活动的每一个环节中都存在商务信函,商务信函具有严谨性、严肃性,它既具有法律文体的特性,又具有公文文体的特性。所以,在词汇的选择上,一般不使用口语词汇和一些基本词汇,多用书面词汇代替它们。例如,可以用 dispatch 代替 send。另外,还经常使用短语将一些比较简单的介词与连词替代下来,这样就增加了句式的严谨性。

例如:We are pleased to inform you that your order No. 228 has been dispatched in accordance with your instruction.

译文:我们非常高兴地通知你方:第 228 号订单货物已经按照你方的具体指示发出了。

句中使用的是 inform 替代 tell,dispatch 替代 send,in accordance with 替代 by,用词正式。

最后,多使用礼貌、委婉语。商务活动开展的目的就是要实现商务合作,使交易双方都能达成自己的利益目标,所以他们会利用商务信函来增进商务关系。同时,交易双方一定要注重信函的语气,语气要婉转,这样才能营造一个和谐的合作氛围,增进彼此的情感。即使是在人们日常的生活交流中,礼貌都会让人心情舒畅。因此对于企业来说,在商务信函中保持足够的礼貌是有利于企业形象的树立与维护的,更重要的是,良好的企业形象还能促进贸易关系的快速建立和持续。

在商务信函中,使用委婉语一方面可以较为委婉地拒绝对方不合理的要求,同时也不会使双方关系闹僵;另一方面还能使双方继续保持良好的贸易关系。因此,在商务信函中,双方要注意用词礼貌、委婉,使彼此都能感受到合作的诚意,从而促进商务合作的高效实现。

二是商务英语信函的句法特征。

首先，多用陈述句。商务英语信函的双方是在同一种经济活动中存在的贸易伙伴，二者从地位上来说是平等的，当一方想要另一方做出某些改变时，其通常会用陈述句来表达。

在商务英语信函中，陈述句的使用非常普遍，它一般会呈现两方面的内容：①单纯地论述一个事实；②表达写信人自己的看法。陈述句在商务英语信函中的重要性还体现在不少商务文件中，它都广泛存在，例如投诉、报盘、招标合同等。下面以投诉信为例揭示陈述句的重要性。

尊敬的先生：

装运单证已按时收到，并已在"伊莎贝拉"号到达汉堡时提取货物。

对于贵方迅速处理这一订单，我方非常感激。除了第71号货箱，一切都很让人满意。

在开启71号货箱时，我们发现箱中的货物并不是我方订购的，对此我们表示非常遗憾。但我们认为这应该只是一个错误，这些货物应该是属于其他订单的。

因为我们需要把从你方订购的货物交给我们的新客户，所以我们不得不要求你方现在马上安排发货事宜。现在，我们把71号货箱所包括的所有货物的清单奉上，希望你方可以按照清单仔细核对贵方发票副本。

在核对期间，我方将会暂时替你方保管这些货物，等待贵方的处理，并希望贵方能及时将处理方案告知我方。

敬上

在这封投诉信里，写信人心平气和地说明了问题，并对投诉表示遗憾，表示此类事件并非自己所愿。全篇都用了陈述句，语气温和地将事实陈述得清清楚楚。

其次，适当使用祈使句。在商务信函中还可以使用祈使句，祈使句不仅能表示请求，也可以表示劝告与命令等，祈使句的使用能提高对方的接受度。在商务信函中使用陈述句来向对方提出要求，可能会让对方的接受程度不高，因为陈述句总是会给人一种直接、生硬的感觉，这时就可以用"Please"的祈使句,这样既可以让表述变得非常简洁,也更加礼貌。

写信人除了可以使用祈使句向对方提出建议与要求,同时也可以使用疑问句来表达,而且,在表达礼貌的程度上,疑问句要高于祈使句。所以,从使用的频率上来看,疑问句要比祈使句的使用频率大。

感叹句虽然能增强语气,强化表达效果;但是因为商务信函具有严谨性,又重视客观表达,所以感叹句并未在商务信函中大量使用。

再次,多用复合句。商务信函主要是为了最后的合同签订进行提前的沟通,所以商务信函涉及的内容非常多,又力求细节,这就要求商务信函必须格式规范、措辞严谨。复合句和并列句则能保证格式的规范和措辞的严谨,所以在商务信函中经常被使用。

Though the price we offer this time is 2 percent higher than that of last time, we hope you can see that these are as low as we can offer considering the constantly rising prices of raw materials.

译文:尽管这次我方报价比上次高2%,考虑到原材料的不断上涨,我们希望你方能理解这是我们的最低价。

复合句与简单句有着显著的差异,从结构层面上说,复合句的结构相对要复杂一些,因而其往往表达比较严谨的内容;而简单句的结构相对来说就比较简单,通常用它来表达一些简洁的内容。

我们不能有这样一个错误的认知,认为商务信函追求的是复合句,句式越复杂,信函写的质量就越高。实际上,复合句与简单句在商务信函中是同时存在的。在商务信函中,也需要使用简单句,只有复合句与简单句结合才让商务信函的书写更加合理、规范。

最后,常用并列结构。商务信函中也有很多并列结构,一般情况下,这种并列结构需要一些连接词进行连接,例如 and 或 or 等词。并列结构能让不同词汇之间的词义得到很好的补充,从而让商务信函的意思表达更加精确,容易为人所理解。

第四,商务信函的翻译标准。商务信函的功能主要体现在两个方面:一个是传递信息，另一个是宣传。基于这两个功能，在制定翻译标准时要做到以下方面：

一是在书写信函时要绝对按照信函的标准进行。按照信函的格式规范进行书写，同时，还要表现出一定的礼貌，这就要求书写者既要了解英语这门语言，同时还要了解语言背后的西方文化。

二是在书写时还要遵循广告营销标准。通常情况下，为了能使产品为对方所认可，一些商务英语信函中会添加些许广告，这些广告能帮助双方建立长久的合作关系。所以，译者在保证遵循信函标准的基础上，需要清楚了解一些广告营销的标准，以便书写时能达到最大的广告营销效果，促使交易另一方面有强烈的商务合作意愿。

第五，商务信函翻译的原则。语用学包括不少内涵，其中意义是其核心概念，译者应该熟练掌握以下翻译原则：

一是严谨性原则。商务英语信函必须要遵守的一个原则就是严谨性原则，这是因为商务活动极其复杂，商务信函中所书写的内容恰恰都反映了商务活动的各个环节，与商务活动各方有着密切的联系，一旦出现错误，就会引起各方争议，严重的甚至会使各方在经济上产生纠纷。例如，商务信函中列出的数字与日期要绝对的准确，当表示日期的前一天为合同彻底结束的时间时，可以选择使用"before"这个词。此外，为了让商务信函显得非常庄重、严谨，在翻译时也要注意选择合适的词汇，例如可以选择 hereafter、hereof 等词。

二是礼貌性原则。商务活动中保持足够的礼貌是基本，这种礼貌不仅要体现在面对面的交流中，还要体现在日常的信件往来中。因此，商务英语信函翻译也应当遵循礼貌原则，双方要始终坚定"和气生财"的信念，在保证礼貌的前提下顺利、愉悦地完成商务活动。

在对上述情况的认知之下，商务信函翻译人员一定要将这种礼貌意图完全展现出来，从而使双方可以了解对方在贸易达成上的期望，并最终实现双方情感上的交流。例如，"You will be able to receive a full refund of deposit if you return the good within a week"这句话，如果译者遵循礼貌原则，就可以将这句话翻译成"如果贵方能够在一周之内就退货的话，那么，就可以获得全部的定金退款"，这种翻译首先从语气上表现出了一种肯定与礼貌，这会让对方感觉到自己是受益的一方，因此，是一个成功的翻译。

三是专业性原则。商务英语信函翻译涉及的商务环节众多，因此涉及的专业术语也颇多。这给译者的翻译提出了较高的要求，译者需要对商务英语信函翻译中经常使用的专业术语做到全面的掌握，在翻译时还能以一种恰当的方式表述出来。例如，"beneficiaries"这个词，它其实是一个法律意义上的词汇，其意思为"受益人"，这种翻译是非常规范的，如果翻译成别的，就显得不那么专业了，也不符合商务信函的文体特征。

第六，商务信函的翻译方法。

一是术语翻译规范。商务活动是一种极为复杂的活动，因此商务信函在描述商务活动的各个环节时并不容易。它需要涉及许多内容，不仅要涉及各种各样的单据，还要涉及各种各样的协议与合同等，从这个层面上来说，其就不可避免地涉及商业与贸易领域的术语。

二是翻译要贴切再现原文的语气。因为商务信函是一种公函语体，因此在词汇、句式选择上要格外严谨，语气上也要更加委婉，需要传递出一种礼貌的氛围。对于商务信函的翻译来说，其不仅要保证翻译内容的准确性、翻译语句的流畅性，还要保证译文要符合商务信函的特征。因此，在商务信函写作中，礼貌用语和客气措辞就会被使用得非常频繁。一方面，使用礼貌的语言和得体的措辞能够给对方留下良好的印象，创造良好的交流氛围；另一方面，公司形象对于公司的长远发展是非常重要的，因此在商务信函中保持足够的礼貌有利于给贸易伙伴留下好印象，从而有利于贸易的达成和企业形象的建构。

需要注意的是，在具体的商务信函翻译中，有些内容是可以遵循译入语的习惯的，这样可以保证译入语读者能顺畅阅读商务信函，也可以恰当、得体地再现原信函的礼貌语气。不过，这些内容是有选择的，一般为表示感谢、歉意的内容，或者是已经在经贸活动中为大家所熟知的一些行业内容。

第七，商务信函翻译的策略。为了进一步验证基于语用学原理的商务英语信函翻译原则的合理性，译者在翻译过程中需要格外重视以下翻译策略：

一是语义信息的准确与对等。从语用学视角进行商务英语信函翻译活动，首先需要做到的就是保证语义信息的准确与对等，只有做到这一点，译者才能将原文的信息准确传递给译文读者,也才能实现双方的准确沟通与交流。一般而言,原文与译入语的信息准确、对等包括以下三部分的内容。

首先,在翻译过程中遇到专业术语时,译者切不可随意处理,而是要遵循一定的翻译原则进行翻译,倘若译者无法独立做到正确的翻译,可以查阅一些专业数据,例如,"shipping advice"如果用在与航运业务有关的商务信函中,就会有其对应的意思,表明它是一个专业性极强的术语,译者如果对这些专业术语没有足够的了解,那么其有可能就会将这个词语翻译成"装运建议",这就造成了翻译的错误,同时也影响了读者的阅读与理解。

其次,对于商务英语信函中的一些重要信息的细节,翻译时必须要做到绝对的准确,例如日期、货品数量等都需要准确,一旦出现错误,就会导致很大的麻烦,严重的甚至会出现经济纠纷,需要通过法律途径来解决。

最后,在选择词汇时一定要注意歧义问题。在商务英语信函翻译中,词汇的意思与其一般意思有明显的差别,例如,We hereby make a claim with you for the shortage of 1000 kg in the shipment of chemical fertilizer ex. s. s. "Victory",句中的"shipment"一词有两种含义,一种为"装运",另一种为"所装载的货物",译者究竟选择哪种含义需要根据上下文的语境来确定,从而选取第二种含义,而且已经知道了货品是化肥,因此,就需要在翻译时采取直译的策略,从而有效地避免歧义。

二是语言差异的注意与规避。英汉两种语言形成的背景不同,所处的文化环境不同,因此二者呈现出了显著的差异。在具体的翻译过程中,译者应该以语用学的基本原理为指导,根据英汉语言的特点进行转换,这样就能实现更好的翻译。例如,英汉两种语言在表达语序上存在差异,英语的叙述特点为先总结再叙述,而汉语则是先叙述再总结,这是中西方思维方式的不同导致的。

此外,英语句子在表述时也呈现出了不同的特点,英语句子一般都是句首相对比较封闭,而句尾则比较开放,这明显与汉语句子的表达不同。

在语法方面,英汉两种语言也有不少差异,英语多使用被动语态,而汉语句子多为无主句。英汉语言差异众多,这些只是冰山一角,译者需要在全面掌握英汉语言差异的前提下,从语用学的角度出发,进行商务英语信函翻译。

三是文化差异的认知与调整。我们接触语言,能直观了解到其表情达意的功能。除此之外，由于语言是在一定文化土壤中孕育的，所以我们了解语言还需要熟知其背后的文化背景知识。此外，进行商务英语信函翻译的相关人员参与的是一项文化活动，他们也就成了中西方文化交流的媒介，因此其必须要对英汉两种语言与文化有足够的了解，只有这样，才能进行更好的翻译。

首先，英汉两种语言在表述人名时差异明显，英语人名先名后姓，而汉语人名则是先姓后名，因此，译者在翻译商务英语信函时，必须要注意到两种语言的差异，注意人名翻译的顺序。

其次，英汉两种语言在表述地名时也有所不同，由于地名与贸易各方所处的位置有关，因此，在进行翻译时，译者必须要慎重，就是遇到一些特殊情况如大地名与小地名连用时，英汉两种语言的语序要保证准确，英语的顺序为由小到大，而汉语的顺序则为由大到小，这种地名翻译顺序至关重要，一旦翻译错误，就可能会带来很大的麻烦。

最后，公司名的翻译在商务英语信函翻译中也很重要，公司的类别不同，其在翻译时选用的词汇也就不同。一般而言，代理公司用的是"Agency"，服务型公司用的是"Service"，而到了具体的公司名称中，其也会包括一些共性词汇，例如"joint""integrated"等。需要特别指出的是，在共性之外还是有细微差异存在的，这些细微的差异才是决定公司名称翻译成败的关键，需要译者格外注意。

随着全球化进程的不断推进，国际贸易繁荣发展起来。其中，商务英语信函扮演了重要的角色，它内容丰富，不仅包括大量的商务词汇、专业术语，还包括各种固定表达等，正是这些内容将浓厚的商业氛围凸显了出来。因此，为了进一步丰富商务英语翻译的理论知识，推动国际贸易的发展，我们可以从语用学的视角出发，对商务英语信函翻译进行深入探究。

第八，商务信函翻译的美学运用。

一是文化差异融合。中西文化有着天壤之别，所以商务英语信函翻译必须要格外重视这种差异性，以确保翻译的准确性。另外，如果需要在信函中添加广告，还需要注意中西方的广告文化，西方广告文化比较开放，这就要求译者注意结合中国文化对广告进行恰当的翻译，以提高中国人的接受度。

信函表达的内容不同，其翻译的方式也会不一样。例如，如果合作双方的合作意愿比较强烈，译者就需要选取合适的词汇与语句将这种意愿表达出来，并且结合对方的文化习俗进行，这样翻译出来的译文才会符合对方的审美情趣。更重要的是，还能增强对对方的说服力，使其同样也具有较强的合作意向。

　　二是突出重点。首先，人们在阅读信函时往往都是看一个大概，直奔重点内容，所以，在书写信函时必须要考虑这一问题，尽量不要使用复杂的句式，应该尽量表达简洁，对于重点内容，可以在标题或者正文的开头处直接表述出来。这样做的目的就是使看信函的人能立刻抓住重点，提起对信函的兴趣。信函中难免会包括一些直接的诉求，在表达这部分内容时一定要注意措辞，以免看信函的人产生不适感。另外，在书写重点内容时还可以使用非常创新的方式，一方面，可以体现语言独特的风格；另一方面，还能让读者一目了然，增加其对商务英语信函内容的理解。其次，商务信函在表达意愿时通常会使用比较长的句子，尤其在由汉字书写的信函中。因此，译者可以对原文中冗长的句子进行拆分，拆分成几个短句之后就能更好地翻译，而且拆分后的短句可以进一步凸显信函的重点内容，方便阅读。最后，译者要合理使用翻译技巧与策略，在翻译时如果无法将原文的意思用本族语表现出来，可适当添加一些内容以补充信函的意思。

　　三是措辞优美。中西方语言中都存在一种特殊的文体——文言体。在具体的信函书写中，译者可以使用文言体，是因为文言体更能体现语言的优美。所以，译者需要扎实掌握英语与汉语的文言体，并在翻译过程中灵活使用，既保证了信函的简洁，又保证了信函的优美。

　　四是运用模糊语。信函不仅能将合作的意愿表达出来，还具有交流的作用。所以，原文本中总是会有一部分与商务合作无关的增进感情的内容。译者可以对文本进行模糊化处理，但是需要满足两个条件，一个是要以正确的翻译理论为指导，另一个则是要征得原作者的同意。例如，在表达"较多"的含义时，译者没有必要将具体的数字描述出来，无关数字过多会使文本看起来复杂，同时还增加了读者阅读的障碍。这种情况下可以用模糊语来代替，例如在文本中使用"much、many"等词语。

　　随着中国对外贸易体量的变大，中国社会越来越需要大量的、高质量的商务英语翻译人才。商务英语翻译除了要遵循基本的规范外，还需要保留一定的美学价值，这能促进商务合作伙伴之间的友好交流。因此，在进行商务英语信函翻译时，译者也应该注意这一问题，在表达尊重与礼貌的同时，展现商务英语信函的美学价值。措辞优美，灵活使用模糊语，从而保证商务活动的顺利进行。

（二）文化功能视角下的科技英语翻译

1. 科技英语翻译的类型

随着科学技术的迅猛发展和知识经济的到来，科技英语（English for Science and Technology，EST）已经成为一种独立的重要英语文体，与传统的新闻报刊文体、论述文体、公文文体、描述与叙述文体以及应用文体一起，构成当代常见的六大英语文体。特别是进入20世纪70年代以后，科技英语文体日益受到人们重视，在国际上引起广泛的注意和研究。

科技英语泛指一切论述和谈及科学或技术的书面语和口头语。具体而言，科技英语可分为以下五个类别：第一，科技著述、科技论文和报告、实验报告和方案等；第二，各类科技情报和文字资料等；第三，科技实用手册，包括仪表、机械、工具的结构描述和操作说明等；第四，有关科技问题的会谈、会议、交谈的用语等；第五，科技影片、录像等有声资料的解说词等。

2. 科技英语翻译的实践

（1）科技英语词汇翻译。了解和掌握科技英语的词汇和词法特征之所以很重要，是因为我们缺乏最为完善的科技英语词典，需要通过掌握一般的构词等规律和特征来判断和识别不熟悉的以及新出现的科技词汇。一方面，词典的编纂需要耗费大量的时间和精力。一般而言，一本词典从编写到出版需耗时约八年甚或更长的时间，这是司空见惯的。然而在编写词典的过程中，语言却没有停止发展。因此，任何描述现代语言的词典所标榜的"新"，只能具有相对性，不可能做到绝对的"新"。即便后续编写了增补本，但与日新月异、一直都在变化发展的语言相比，词典语库的更新永远具有"有限性"和"滞后性"。另一方面，随着新学科、新技术、新材料、新设备、新工艺的不断产生,新的科技词汇和科技术语大量涌现,其数量之多、速度之快,远非英语中其他问题所能企及。为此,目前在使用中的英汉科技词典,包括一些专业性很强的分类词典,已经很难全面满足科技英语翻译之需,而且不少科技英语词典的质量有待提高。所以,了解和掌握科技英语的词汇和词法特征以及主要的翻译方法,对于快速掌握科技专业词汇,准确理解词义,做好科技英语的翻译工作具有重要的现实意义。

(2) 科技英语句法翻译

第一,使用名词化结构。科技英语的一个重要句法特征,就是大量使用名词化结构。名词化结构在科技英语中主要有三个作用:①适合表达定义、定律、原理等抽象概念;②可以较少使用人称主语,体现科技概念的客观性;③有效简化叙事层次和结构,使行文更加直接、紧凑、简洁。

第二,使用长难复合句式。科技英语要求思维严密、论理精确,因而往往加入一些修饰性、限制性的语句,而频繁使用语法功能极强的介词短语和各类非限定性动词短语,可以使句子结构长而不乱,信息分布合理,给人一气呵成之感。

第三,使用一般现在时。科技英语倾向于多用动词的现在时,尤其多用动词的一般现在时,以描述通常发生或并无时间限制的自然现象、过程、常规等,或者表述科学定义、定理、方程式、公式的解说以及图表的说明。但叙述过去发生之事,使用一般过去时。

第四,使用条件句式。一般条件句式由两个句子组成:表示假设条件的"if"从句在前,后面的主句则说明满足该条件时才会出现的推论或后续步骤。在做假设时,有时还使用虚拟语气。

第五,使用后置定语。后置定语是指位于名词或代词之后的定语,常为形容词、副词、介词短语、非限定动词、同位语和定语从句等。科技英语的准确性和严密性使其频繁使用后置定语。这也造成了部分科技英语中复杂长句多的现象。尽管定语是句子的次要成分,但对后置定语的处理是影响译文质量的重要因素之一。

第四章 中西诗歌翻译的评析研究

第一节 中西诗歌翻译认知与特点

"诗歌是通过一定的意象为诗情表达的基本结构单位。通过作者新奇的想象和比喻，借助强烈的语言节奏来表达作者对于人生、生活的感悟与咏叹"[①]。诗歌翻译是中西文学翻译的重要形式之一。诗通过有节奏、有韵律的语言来反映生活和抒发情感。中文诗和英文诗各有自己的格律。英文诗有音步之分，每一行分若干音步，每音步分若干音节，音节则通过轻重相配、节拍均匀、抑扬有致，产生节奏感。中文诗没有轻重音节之分，诗中以"平仄"来产生抑扬顿挫，同样具有节奏感。

一、中西诗歌翻译及价值追求

文学的美学价值在于透过文字表象实现精神上的直接对话，使作品从语言层面传递出精神层面的价值。这种独特的交流方式使读者能够深入思考、感受，并在文学作品中找到共鸣。文学翻译作为一种审美活动，旨在通过翻译再现原作的审美价值，同时体现译者的翻译素养和审美能力。因此，高质量的翻译不仅要求译者具备丰富的实践经验和审美能力，还需要他们深刻理解原作的

---

① 杨莉、李哲、姜宁主编：《文学翻译多维研究》，北京：中国纺织出版社有限公司2019年版，第56页。

时代背景、写作特点,并巧妙地运用翻译方法和技巧来完成语际转换。

特别是在诗歌翻译中,这被认为是文学翻译中最为复杂的形式之一。成功的诗歌翻译需要译者协调、对称并客观地阐明美的特质,以情感共鸣来传达原作的美。将诗歌翻译视为艺术的创造,呼吁译者在翻译过程中发挥主观能动性,最大限度地注入审美和美感,以满足读者对原作的期望。

为了达到这样的翻译水平,译者需要深入了解翻译美学原理,这为他们提供了理论基础。这些原理有助于译者在语言审美上发挥主观能动性,理解原作的创作目的和意图,并将美学要素融入译文中。通过美学原理,译者能够认识到翻译既具有科学性又具备艺术性。在考虑审美价值的基础上,译者能够在译文中忠实再现原作的审美标准,确保翻译不仅是一种技术性行为,更是一项艺术创作,满足了读者对文学作品的审美追求。

(一) 词意之美

例句:Thou hast made me endless, such is thy pleasure. This frail vessel thou emptiest again and again, and fillest it ever with fresh life.

译文:你使我万世永生,这是你的快乐,你一再倒空我的心杯,又一再斟满崭新的生命。

本段选自泰戈尔诗集《歌之花环》第23首,是《吉檀迦利》开篇的孟加拉国语原作。诗中的"thou"意为"你"。诗中将"made me endless"译为"万世永生",四字结构言简意赅,不仅体现了汉语特点,而且含义表达准确。"frail vessel"原本表示"脆弱的器皿",译成"心杯"恰到好处地体现了"脆弱易碎"与"器皿"之意,同时也是一种修辞手法,具有简洁的词意之美。"fillest"译文用的是"斟满"而不是倒满之类的词语,更具有古风韵味。文中用了两个"一再"表达"again""ever"。

(二) 音韵之美

例句:The fields breathe sweet, the daisies kiss our feet,
Young lovers meet, old wives a sunning sit,

In every, these tunes our ears do greet,
Cuckoo, jug-jug, pu-we, to-witta-woo!
Spring, the sweet Spring!

译文：旷野上弥漫着甜美的香气，雏菊轻吻我们的脚尖，
年轻的情侣在这里相会，年迈的妇人沐浴着阳光休憩，
每一条街巷，都有这样的旋律回荡耳畔，
布谷，布谷，啾——啾，噗——喂，吐——喂嗒——呜！
春天啊，多么美妙的春天！

本段选自英国诗人托马斯·纳什的《春之景》。译文通过拟声词"啾——啾，噗——喂，吐——喂嗒——呜"对仗还原原文"jug-jug, pu-we, to-witta-woo"布谷鸟的叫声，为诗歌注入活力，尽显春天生机盎然之景。"sweet""feet"对应"香气""脚尖"，还原原文的押韵韵脚，句式工整对齐的前提下，依然具有韵律感和节奏感。

（三）意境之美

例句：The fountains mingle with the river,
And the rivers with ocean,
The winds of heaven mix forever,
With a sweet emotion,
Nothing in the world is single,
All things by a law divine,
In one another's being mingle; Why not I with thine?

译文：泉水与河流交融，
河流涌入大海，
天上的风啊总是怀揣着，
甜蜜的情怀；
万物皆不孤独，
全在天赐法则下，

与另一事物丝缕相缠；
为何唯你我例外？

本段选自英国浪漫主义诗人珀西·比希·雪莱（Percy Bysshe Shelley）的抒情诗《爱的哲学》。诗歌的语言既优美又凝练，表达了作者深挚的情感。翻译者在处理这样一篇具有艺术性的作品时，不仅需要传递文字背后的情感，还须注重语言的优美与凝练。诗歌中广泛使用拟人手法为自然元素赋予情感，通过巧妙的疑问句引发读者深度思考。整体而言，翻译者通过对语言和情感的精准捕捉，成功地营造了诗歌的艺术氛围，使得情感在翻译过程中得以升华。

"诗歌翻译是文学翻译的灵魂体现，最丰富的内涵是意境美，重构诗歌翻译的形式美和意象美，再现艺术美是一个非常复杂且艰难的过程"[1]。在诗歌翻译中，翻译美学理论扮演着重要的指导角色。本书以此为基础，翻译者不仅仅关注词汇的转化，更从词意、音韵、意境等多个角度深入分析翻译中"情"与"美"的审美再现。通过精湛的技艺，翻译者努力重构译文，以再现原作的审美价值。这不仅使读者在阅读中产生与原文读者相似的情感共鸣，更强调了翻译者在整个过程中的关键角色。

二、中西诗歌翻译的特点分析

（一）诗歌语言特点

诗歌带有自身特有的语言特点，这是诗歌艺术性的具体表现。下面对这些语言特点进行总结，从而为诗歌的翻译奠定基础。

1. 节奏明快

诗歌对于节奏十分重视，没有节奏就不成诗歌。具体而言，诗歌的节奏主

---

[1] 王悦：《翻译美学视域下英文诗歌汉译的审美再现》，载《文教资料》，2021年第15期，第29页。

要体现在其音节的停顿长短和音调的轻重变化方面。

英文诗歌可以分为格律诗与无韵诗两个类别,而这两类诗歌样式都体现出了节奏明快的特点。在英文诗歌中,格律诗的节奏感最强。格律诗可分为诗节,诗节又可分为诗行,诗行又可细分为若干音步。

常见的音步主要有抑扬格(Lambus)、扬抑格(Trochee)、扬抑抑格(Dactyl)、抑抑扬格(Anapest)。英文诗歌每行的音步数不同,主要有八种,即单音步(monometer)、双音步(dimeter)、三音步(trimeter)、四音步(tetrameter)、五音步(pentameter)、六音步(hexameter)、七音步(heptameter)和八音步(octameter)。如果一首英语诗歌使用的是扬抑格,每行诗句含有两个音步,那么就可以称为"两步扬抑格"。

无韵诗虽不讲究押韵,但是节奏也十分明快,通常以抑扬格五音步为一行,其中最典型的代表就是莎士比亚的诗歌。总而言之,节奏可以使诗歌变得优美动听,让诗歌更具表现力。

2. 音韵和谐

与其他文学形式相比,诗歌具有押韵的特点。诗歌的押韵指的是在语流中,对其中相同的因素进行重复和组合而产生的共鸣与呼应。例如:

> On the idle hill of summer,
> Sleepy with the flow of streams,
> Far I hear the steady drummer
> Drumming like a noise in dreams.
> Far and near and low and louder
> On the roads of earth go by,
> Dear to friends and food for powder,
> Soldiers marching, all to die.
> (A. E. Housman: On the Idle Hill of Summer)

上述诗句基本为四步抑扬格,节奏明快;每节诗句的单行与双行都押韵,音韵谐美,因此读起来朗朗上口,和谐优美。

英文诗歌中押韵的单音节词通常满足一定的要求，具体包括以下三点：①元音（非字母）相同；②如果元音之后存在辅音，则辅音相同；③如果元音之前存在辅音，则辅音不同。例如，下面几组词都押韵：

> lie-high
> stay-play
> park-lark
> light-height
> bend-lend
> first-burst

3. 结构独特

诗歌具有独特的结构形式，这是区别于其他文学艺术的显著特征。英文诗歌除了散文诗之外，都需要分行。英语十四行诗、英雄双韵体等的表现形式十分固定。英语对音步与格律的严格要求也体现了其结构的独特性。

4. 语言凝练

诗歌可以说是语言的结晶，与其他文学艺术形式相比，诗歌可以包含更多的信息量。名诗佳作能以只言片语容纳高山巍岳、宇宙星空，奇特的晶体，显耀万千景象。

诗人一般通过炼意、炼句、炼字使诗歌的魅力凝聚于诗歌的焦点，充满巨大的能量与信息量，激发读者的想象力，体现了诗歌的魅力所在。很多优秀的诗歌作品都经过了字句的锤炼。例如：

> The apparition of these faces in the crowd;
> Petals on a wet, black bough.
> (Ezra Pound: In a Station of the Metro)

5. 意象丰富

意象指的是可以引起人的感官反应的具体形象和画面。从心理学角度来看,诗歌的意象包括视觉的、听觉的、触觉的、嗅觉的、味觉的、动觉的以及联想的意象。很多优秀的诗歌作品都包含了丰富的意象,以唤起人们的某种体验。例如:

> You do not do, you do not do
> Any more, black shoe
> In which I have lived like a foot
> For thirty years, poor and white
> Barely daring to breathe or Achoo
> (Sylvia Plath: Daddy)

在这首诗中,诗人将自己的父亲比作"黑色的鞋子",将自己比作"装在鞋子里的一只苍白的脚",意象独特,生动地体现了诗人独特的感受与体验,值得读者细细品味。

(二) 诗歌文体特点

诗歌是人类社会最早产生的一种文学体裁。从起源上看,诗歌与人类的生产劳动密不可分。原始人类在从事集体劳动时,一唱一和,借以协调动作、减轻疲劳。后来这种原始的歌唱和呼喊,被文字记录下来,便产生了诗歌这种语言凝练并具有节奏感和音乐性的文学体裁。从表现形式上看,中国最初的诗歌是与音乐和舞蹈结合在一起的。我国古籍中有许多记载都说明了上古时代诗、乐、舞三位一体的原始形态,它们都是人们在社会生活和生产劳动中激起的感情活动。随着社会和艺术的发展,诗歌从乐舞中逐步分化独立出来,但它本身具有的强烈节奏感和韵律感却仍然在语言文字中鲜明地体现着,使得它成为一种富有节奏韵律感的、抒情性较强的独立文体。

不同的民族创造和发展了不同的诗歌形式。英文诗歌和中文诗歌当然也不例外,有鉴于此,无论是出于单纯欣赏的目的,还是要从事诗歌的翻译,都需要了解中英文诗歌的语言特点和文体特点,具备欣赏和分析诗歌的基本诗学知识。对于欣赏译诗来说,这是必不可少的。不了解英文诗特点的人很难欣赏英文诗，不了解中文诗特点的人则很难欣赏中文诗，不了解两种诗歌特点的人也很难欣赏从这两种语言翻译而来的译诗。

诗歌不同于散文，不仅形式大异，更有其内在的特点。诗歌在音韵、节奏、格式等方面都有一定的规律和要求，不能随意更改。以音韵而论，英文诗中的押韵指句尾一词的重读音节元音应相同，而前面的辅音却不同。如 why-sigh, hate-late, ending-bending, expression-confession 等。以节奏而论，一首诗往往包含若干个诗节（stanza），每一节又分若干个诗行（line），每一行又分若干个音步（foot）。诗歌的语言是形象性的语言，富有艺术魅力。因此，修辞手段的运用在诗歌中起着重要作用，如明喻（simile）、暗喻（metaphor）、换喻（metonymy）、提喻（synecdoche）等。

第二节　中西诗歌翻译的具体策略

诗的本质专在抒情，诗以意象作为抒情的载体，这两点与散文异曲同工。不同的是，第一，诗不"散"，有一定的或固定的形式。第二，语言具有鲜明的节奏或韵律。学者闻一多先生在 20 世纪 20 年代提出了著名的"三美"理论——"建筑美、绘画美、音乐美"，被公认为诗歌特色的标志。翻译家许渊冲先生也提出了"三美"原则——"音美、形美、意美"，原则论的"三似"——"意似、神似、形似"，方法论的"三化"——"等化、浅化、深化"，目的论的"三之"——"知之、好之、乐之"，皆可作为诗歌翻译的标准。

诗歌作为文学的最高形式，艺术性强，翻译难度相当大。范希衡先生在他译的《法国近代名家诗选》前言中说，译诗是比作诗难许多的一项复杂的工作。既要尊重诗人的原意，又要符合中文的表达习惯；既要探索其内容，又要物色反映内容的合适形式；既要使词语确切，又要使意境再现。每译一首诗之前，必须从诗所表现出来的意象，追溯到诗人当时的感情和感受；然后再回过头来，从感受进入到感情，最后形成完美的意象。简言之，译诗的过程就是再创作的过程。这种再创作因原诗不同而不同，也因译者诗艺和翻译策略不同而不同。从以郭沫若先生的译诗为例的"译例讲评"可见一斑。究其诗歌"不

可译"的特点,本书从宏观角度出发,提出诗歌翻译的如下策略:

第一,明确诗歌翻译评估标准。①评估译者自己设定的总目标。例如,所设标准是"形式对等",还是"动态对等"。②明确译者准备要达到哪一项或哪几项目标。例如,是"神似"(spirit),是"意似"(sense),还是"形似"(form)。③明确译者自己选定的诗词类别。例如,将英文诗歌译成格律诗、绝句,还是宋词;或者中文诗歌体裁选用是无韵诗、十四行诗、押韵诗,还是自由体诗。

第二,明确社会语境评判标准。①社会利益评判标准;②社会交流评判标准;③最佳语境评判标准。

第三,明确具体项目验收标准。①总体目标(general purpose item);②分项目标(concrete objectives item);③诗歌类别(category-based item);④读者反映(reader-oriented item);⑤译者目标(translator's-aim-oriented item);⑥整体表现(performance-based tem);⑦结果导向(results-oriented item)。

第三节　中西诗歌翻译的鉴赏评析

诗歌作为一种高级的文学艺术形式,它是否可译,现在翻译界都没有达成一致。诗歌具有三美:音韵美、形式美和意象美。诗歌的神韵需要一定的形式来表现,甚至一些诗,其形式的表现力可以超过内容的表现力。所以英文诗翻译应该在恰如其分地传达原诗神韵的同时,尽可能地忠于原诗的形式。

一、中西诗歌翻译鉴赏评析——以诗译诗

在文学作品中,语言形式的存在不仅是为了传达内容,而且本身具有深刻的意义。这一观点在诗歌中表现得尤为突出,因为诗歌的形式意义远大于散文。对于诗歌的翻译者而言,形式的再现是其任务中至关重要的一部分。在中国译诗史上,翻译者采用了多种方法将英语格律诗翻译成中文,其中包括元曲形式、五言古体形式和骚体形式。

"以顿代步"是一种独特的翻译方法,它以汉语的"顿"代替英语的"音步",从而再现原诗的节奏。在这里,"顿"指的是把两个、三个或四个汉字放在一起,形成相对完整的意义,同时形成自然的语音起落,类似于由轻重抑扬构成的音步。然而,对于"顿"与音步的对等、停顿位置等问题,翻译界存在争议,因而使得译者难以准确把握这一翻译方法的运用。另一种译法则是放弃韵律,采用自由体翻译,主张传达神韵而不受形式束缚。这种方法强调诗歌的表达力,将形式的牵绊降至次要地位。然而,王佐良提倡的"以诗译诗"则强调追求形似,他认为在翻译中应尽量沿用原诗的韵律和节奏。对于原诗有韵的情况,译者应保留韵;而对于无韵的原诗,译者也应该摒弃韵律。韵应灵活运用,以实现原诗形式的最大限度再现,同时保留原诗的音美。

形似的追求并非仅仅在用韵与否、诗行长短等形式方面体现,更应包括对意境和神韵的追求。尽管形式在诗歌创作和翻译中至关重要,但诗歌的最大功用仍是传达情感和思想。在这个过程中,形式相对于神韵和意境而言,可以被认为是次要的。英汉语言及文化的差异要求译者"变换说法",即在翻译中需要变换形式以求达到神似的效果。

尽管诗歌形式中存在一些难以准确翻译出的因素,但是其中的意义、意境和神韵却可以被传达。为了实现这一目标,译者需要在词语选择上下苦功夫,以在翻译中准确传递原诗的情感和思想。因此,形式与内容之间的关系在诗歌的翻译中显得尤为复杂,译者需要在保留原诗形式的同时,注重传达其中蕴含的深刻意义。

二、中西诗歌翻译鉴赏评析——"三美"原则

在翻译诗歌时,词语的选择,首先服从于"意美"的原则,同时也要服从"音美"和"形美"的原则。形美就是要尽最大努力再现原作或在译作中创造出语言的形式美或视觉美。例如,杜甫《登高》一诗中有这样两句:"无边落木萧萧下,不尽长江滚滚来。"这里的"萧萧"和"滚滚"因使用了叠音叠字手段而产生一种音乐美效果,同时兼具视觉审美效果。

第五章 中西散文翻译的评析研究

第一节 中西散文翻译技巧与策略

散文与诗歌、小说、戏剧并称四大文学体裁,而散文的体裁概念却远远没有另外三种明确,要界定什么是"散文",绝非易事。无论在中国文学史还是在西方文学史上,散文的范畴一直游走在时宽时狭、或宽或狭的变幻不定中,故而散文被称为文学体裁中的"吉普赛人"。

汉语散文大体分为古代散文和现代散文两大发展阶段。总体而言,古代散文比现代散文范畴更宽泛。南北朝时,刘勰在《文心雕龙》中提出,"今之常言,有文有笔,以为无韵者笔也,有韵者文也",又将"文""笔"通称为"文",所谓"文",今称"古文",是最宽泛的古代散文概念。古代散文概念的另一说法是"散行文字",即非韵非骈的文体,"不受一切句调声律之羁束而散行以达意的文章",或称散体文章,即不包括韵文,这个范畴同样十分宽泛,包含极广泛的文体。康熙年间编选的中国古代散文集《古文观止》选文涉猎极其丰富,被视为用作品串成的中国古代散文史,所选古文上自东周,下迄明末,不仅收有政论、史论、文论、人物传论、经济科技散论以及调查札记,还收有谏书、诏书、檄文这样的政治性应用文,充分说明了古代汉语散文的宽泛性。

从古代散文到现代散文,汉语散文概念经历了重大裂变,这个裂变的分水岭是五四新文化运动。"五四运动"开创了我国近代文化思想的新时期,学术分工的意识也很明确，对于文学、哲学、史学和伦理学的研究也逐步展开，在西方近代文艺科学的影响下，文学体裁分为小说、散文、诗歌、戏剧四类。这里所述散文则是狭义散文了。这种散文被称作"现代散文"。中国散文从古代散文到现代散文，从文章系统的广义散文到文学范畴的狭义散文，有着质的变化。确立了散文与小说、诗歌、戏剧四分天下的局面之后，散文的范畴仍在经历一次次的转变，使得现代汉语散文中也存在广义散文和狭义散文的不同概念，并且分类形式多样。总体而言，狭义散文侧重抒情，融合形象的叙事与精辟的议论；广义散文则侧重议论或叙事，在不同程度上融合抒情性。从历史的角度看，我国从古至今，随着散文的发展，散文的概念与分类也一直在不断变化，总的趋势是：散文概念的广义与狭义，以及分类的繁杂与单纯，总是波浪式地交替出现的。

散文体裁概念的模糊性同样存在于英语中。"散文"一词在英语中的对应语为 prose 和 essay 两个，"prose"接近汉语古代散文中"散行文字"的概念，是相对于韵文而言的广义散文；而"essay"范围则狭窄得多，是随笔一类的狭义散文。不论是"prose"还是"essay"，究竟应包罗哪些文体，没有统一的看法：倾向于纯粹的，严格地坚持散文应该专指随笔、小品文和抒情文等；倾向于宽泛的，则将随笔、小品文、抒情文、议论文、叙事文、科学文章、报刊文等都算在内，如王佐良先生的散文学专著《英国散文的流变》，就囊括了上述多种文体，甚至将达尔文的《物种起源》、BBC 广播节目《美国来信》、电视节目艺术史讲座《文化》等也列为散文研究的对象，散文体裁的容纳力之广由此可见一斑。总而言之，散文是最宽泛、最多样、最模糊、最灵活的体裁。

一、散文文本与题材分析

（一）散文文本

散文的体裁宽泛，造成边界模糊，但这并不是说散文没有本质特征。散文，尤其是文学性散文，其文本特质还是十分鲜明的。方遒在《散文学综论》

中总结出散文的四大特性，具体如下：

第一，表现自我的主观性。散文是最能充分表现作者个性、感情、思想和精神的，散文所表现的，主要是作者的感受，或感物之情，或所感之物，都离不开"感受"二字。感受，即情也。写景、写人、写事，其目的还是在于抒写自己的主观情感；发挥思想，议论道理，也是抒情的一法。归根结底，思想、道理也是"情"。至于纪实类散文，作者似乎只是一个"笔述者"，然而那文字之中，也无不浸润着"感情"。"情"是主观性的，而散文通常都是第一人称的，表达的是作者自己的思想感情。

第二，排斥虚假的真实性。在所有文学体裁中，散文最忌讳虚假。尽管"虚构"是文学的通用手法，散文却强调真实，作者时时刻刻以真我示人。

第三，运笔如风的自在性。既然散文是表现自我、直抒胸臆的，尽可以从心所欲、自在轻松地道来。散文的"自在性"，不仅展现出作者袒露自己心灵、人格的直率，也展现出作者对待读者如知己、知音的诚恳；它不仅需要作者有摆脱一切精神束缚、压迫而解剖自己、透视自己的勇气，也需要作者有摆脱"语言的痛苦"而心手相应、意到笔随的写作修养。

第四，文情并茂的精美性。散文的精美性，不仅表现在形与神两个方面，更体现在形与神的对立统一关系中；散文形神之间的自然和精巧、挥洒自如和细针密线、信手拈来和刻意追求、信笔所至和别具匠心之间的辩证统一关系就是其精美性的一个注脚。散文精美性的三个具体表现为：①要求短小精悍；②要求谋篇精巧；③要求语言优美。

散文是作者有感而发所写的文字，"情"当然最重要，但仅仅有情还不足以成就散文的艺术价值，如何表达此"情"一样重要。文章之高下，固系于情感之有无；但是有了情感，尚不是区别高下之最终标准。高下所分，最终的标准在于意趣。所以，文情并茂是优秀散文的本质特征之一。

（二）散文题材

散文的题材是包罗万象的，上至浩瀚星空，下至一芥草籽，大至治国安邦，小至生活琐事，无所不包，可以说，凡是可以成文的，皆可以成为散文的题材。散文的题材不仅具有广泛性，而且具有片段性，这是散文的一大优势。

小说和戏剧要求情节完整，有头有尾，而散文则可以是片刻的一点儿感受、刹那的一丝变化、物体的某个侧面、事件的某个细节，也可以是若干看似不相干的点滴连缀成文，仿佛电影的蒙太奇，灵动变幻。

散文作者的题材选择往往能体现作者的胸襟和志趣。例如，中国古代文人以修身、齐家、治国、平天下为己任，体现在文章选题上也大都严肃庄重，道貌岸然；偶尔也有闲人雅士，点缀些许寄情山水、风花雪月的文字，终究不能成为主流。英语古代散文情况也如此。随着散文的发展，现代散文的选题日渐丰富，国家政治、生活琐事、风景旅游、男女饮食、植物动物、文艺科技、情感思想，凡此种种，皆可入题，使现代散文成为巍然可观的艺术精粹。

二、中西散文翻译的特点

不论何种文字，借大家手笔，充分发挥其潜质和优势，总能产生或情深意切，或优雅精致，或朴素平实，或轻松诙谐的优美文章。优秀的散文最能以其短小精悍、自由灵活展现出语言的美感。

（一）散文语言特点

综观散文中的众多代表作品，散文语言特点主要表现在以下方面：

第一，凝练畅达。简练是中文的最大特色，也是中国文人的最大束缚。简练的散文语言既可以充分传达作者所要表达的内容，又能高效地传达出作者对人对物的情感与态度。这不是作者精心雕刻的结果，而是作者朴实、真实感情的自然流露。畅达的散文语言既指作者措辞用语挥洒自如，又指其情感表达的自由自在。总而言之，散文语言的简练和畅达是相辅相成的，它们是构成散文语言艺术的重要生命线。

第二，讲究文采。散文常用浓墨重彩或轻描淡笔表现"诗情""画意"。如朱自清先生《春》中的开头几句："桃树、杏树、梨树，你不让我，我不让你，都开满了花赶趟儿。红的像火，粉的像霞，白的像雪。"

第三，注重节奏。音韵和节奏是决定一篇文章的文采风情的关键，文章虽是写在纸上的，却要经得起吟哦诵读，文章吟诵时的音律美是至关重要的。

汉语和英语在音韵表现形式上差异很大。汉语独特的优势是，汉字的四声富有极强的音乐感，平、上、去、入的四声变化产生高低起伏、抑扬顿挫的乐感效果。英语的单词没有四声，也就没有声调，其音韵感主要依靠押韵、音节的长短变化等体现。节奏和音韵紧密相连，或者说是更大层面上的音韵。

散文的节奏感很强，句式富于变化，这主要体现在其声调和抑扬的合理分配上。其句式是整散交错的，长短句结合，使作品富有音乐美，读者读来感觉很顺畅，朗朗上口。散文的节奏美，在语音上表现为声调的平仄或抑扬相配，无韵有韵的交融，词义停顿与音节停顿的融合。在句式上，散文表现为整散交错，长短结合，奇偶相谐。如袁鹰《青山翠竹》中的一节："血雨腥风里，毛竹青了又黄，黄了又青，不向残暴低头，不向敌人弯腰。竹子烧了，还有竹枝；竹枝断了，还有竹鞭；竹鞭砍了，还有深埋在地下的竹根。"

第四，灵活疏放。散文素有"美文"之称。所谓"优美"，是指散文的语言清新明丽，生动活泼，富于音乐感，行文如涓涓流水，叮咚有声，如娓娓而谈，情真意切。所谓"凝练"，是说散文语言千锤百炼、简洁质朴、自然流畅，寥寥数语就可描绘出生动形象和深邃意境。散文作者会根据自己的姿态、声音、讲话等风格，向读者倾诉、恳谈，能充分展示其说话的风格和个性。作者亦可以浮想联翩，随意点染，叙议抒情任情穿插，水乳交融。

（二）散文风格特点

1. 遣词造句富于变化

英语与汉语相比，英语更忌讳重复，英语惯用代词、指示代词等就是明证。重复既包括词语的重复使用，也包括同样的句式反复出现（排比、重复修辞除外）。重复使得文章缺少张力、单调乏味、死气沉沉。为避免重复，措辞方面要注意：①选词应具有多样性，恰当地利用同义词和近义词；②多音节词汇和单音节词汇有机结合，使文章富有节奏感和韵律感；③造句方面应注意长句、短句交替使用，句子结构应灵活多变、伸缩自如，增添文章的活力。

2. 个性化话语方式与散文风格

四大文学体裁中，小说、戏剧情节引人入胜，人物百态纷呈，作者则隐形其后，让笔下的人物为其代言，用精心策划的情节包裹起自己的思想情感，让读者自己去观察、感受、体会；诗歌则是诗人内心的独白，抒发自己高亢、温婉、哀怨、悲愤等种种情感，这种情感宣泄往往是单向的，读者并不参与其间，仿佛幸运的目击人；散文则完全不同，没有情节、人物的掩饰，没有诗歌格律的约束，作者好像赤子，毫无遮拦地敞开心扉。抛却了重重遮拦，散文作者和读者的距离最近，阅读散文时，作者和读者之间或仿佛促膝谈心，或好似高谈阔论，或如同戏谑调侃，读者面对的虽是毫无生命的白纸黑字，却好像作者就活灵活现地站在字里行间，将他的风格、气质、喜好、秉性一览无余地呈现。在散文的世界里，作家的风格，包括行文的风格和为人的风格都让读者尽收眼底。

（三）散文文体特点

1. 形散而神不散

散文取材广泛、形式自由，结构多样，但"形散而神不散"。散文取材范围广泛，大千世界几乎无所不包。散文表达方式自由，可自由地使用叙述、描写等多种基本表达方式，也可使用暗示、象征、比兴、联想等表达手法。记叙性散文以叙述、描写和议论为主；议论性散文以议论为主，间或使用叙述、描写和抒情。

散文的结构多样，首先是因其结构中心多样，既可以用人物为结构中心，如鲁迅的《藤野先生》；可以用典型的细节为结构中心，如朱自清的《背影》；可以用景物为结构中心，如郁达夫的《故都的秋》；还可以用某一象征事物作结构中心，如杨朔的《茶花赋》。其次，散文的结构形式多元：可以时间发展或空间转移为序组织材料，如冰心的《小橘灯》和鲁迅的《从百草园到三味书屋》；可以作者的思绪和感情变化为序，如张洁的《挖荠菜》和杨朔的《荔枝蜜》；还可以某一观点为纲，把材料分别组织在几个不同的侧面之内，如秦牧的《土地》。

但好的散文一定要做到"形散而神不散"。"形散"，是基于上述特点，说作者可以根据自由意志和内容的需要，对作品做自由调整，随意变化，生发开去。"神不散",则是指散文要有明确的立意和鲜明的主题,无论散文内容多广,表现手法多灵活,文体和语言外壳无不为更好地表达主题服务。

为做到"形散而神不散",选材上应该注意材料与中心思想的内在联系;在结构上借助一定的线索,把材料贯穿成一个有机整体。散文中常见的线索有:①以含有深刻意义或象征意义的事物为线索;②以作品中的"我"作为行文线索,畅谈所见所闻所思所感,使作品更加亲切感人。

2. 意境深邃

散文注重表现作者的生活感受,抒情性强,情感真挚,具有深邃的意境。如同泼墨的中国水墨画一样,散文是靠浓郁的诗意,而非靠虚构的故事情节、矛盾冲突来感染读者。因此,追求意境是散文家创作的努力方向。

三、中西散文翻译的美学技巧

"散文是指以叙述或描写为主的表达真实情感的文学体裁,具有语言灵活、题材广泛、篇幅短小、情感丰富等特点"[①]。散文是一种广泛超越了诗歌和小说等传统文学形式的独特语言表达形式。涵盖回忆录、传记等多种文体,散文以其"形式自由,思想集中"的精髓脱颖而出。在散文中,作者得以运用自然而口语化的语言,通过叙述、描写和论证等手法来表达深刻情感,呈现出一种丰富而灵活的创作特色。与诗歌和小说相比,散文更注重思想的集中表达,同时又保持了形式的自由度,使其成为一种极具表现力和灵活性的文学形式。

散文的优点在于其生动如小说、自由如诗歌、尖锐如辩论。作者通过散文的自由形式,能够更灵活地表达自己的思想和情感,使作品更具有生活气息。散文的自由度使其有机会涵盖多种文体的元素,从而呈现出丰富的面貌,既能够像小说一样引人入胜,又能够像诗歌一样富有文学性,同时还能够像辩论一样锐利地表达作者的观点。

意境是散文中不可或缺的一部分,尤其在抒情式散文中更为显著。通过直

---

① 杨丹:《翻译美学理论视角下的散文英译》,载《散文百家(理论)》,2022年第3期,第89页。

抒胸臆的手法，作者能够巧妙地营造出深邃的意境，使读者在文本中产生一种情感共鸣。散文中的意象则是作者将客观事物赋予主观意象，使得平凡的景物在作品中变得非凡，形成独特的意境。与诗歌相比，散文通过多个层次而非文字的压缩来创造意境，使其更加细腻而丰富。因此，意境在散文中占有重要地位，为读者提供了深沉而独特的文学体验。翻译美学理论视角下的散文英译分析具体如下。

（一）音韵之美

在翻译过程中，注重音韵审美成为关键，译者需要巧妙地融入原文的情感和内容表达，同时强调韵律之美。这并不仅是对文字的翻译，更是对原作音韵之美的深刻品味。译者应当善于运用幽默语言，巧妙地引发读者的兴趣，使翻译作品在表达原文韵律的同时，不失趣味性。此外，对散文情感的表现同样重要，译者需要准确捕捉作者的写作风格和特色，以确保译文不仅传达内容，还能贴切地展现原文的情感。

（二）意境之美

在散文翻译中，意境阐释扮演着不可或缺的角色，将译者置身于读者和作者之间的媒介地位。为了实现这一目标，译者应当深刻理解原文的真实意义，以便在翻译中清晰而准确地重新构建作品的意境。在这一过程中，译者需要善于将独立意象与词句组合，巧妙地构成令人印象深刻的意境，以满足读者的期待视野。同时，保持期待视野的重要性凸显，翻译过程应该以理性客观的方式进行，不受主观观点左右。考虑作者的背景、生平和写作目的，借助经验和预见性来重新构建意境，使翻译作品更贴近作者的原始创意。总体而言，译文并非逐字逐句的机械转换，而是要注重传递原文的意境，满足读者的期望视野，达到翻译美学效果的最佳呈现。

（三）遣词之美

文学翻译与文化因素密切相关，其中汉语和英语在句子结构、表达方式和思维方式上存在差异。这种差异使得翻译成为一种复杂的跨文化交流活动，译者需要深入了解作者的艺术风格,掌握两种语言的语言特点,并在翻译中努力保持原作的独特韵味。

由于英汉两语言之间缺乏完全对等的翻译,译者在目标语言中找到准确的词汇或术语变得更加困难。这种不对等性给翻译过程增加了挑战,要求译者在保留原意的基础上,灵活运用目标语言的表达方式。

对于散文而言,词语选择显得尤为重要,因为它要求译者在翻译过程中注重选择合适的词汇,以使翻译作品充满表现力和生命力。译者需要审慎权衡每一个词语的选择,以呈现原作的深度和情感。

在翻译过程中,译者还需关注文化差异,根据中西方思维方式的不同进行适当的翻译调整。中国人强调人与自然的和谐融合,主观学习事物;而西方人倾向于理性思维,认为人与自然是分离的,注重客观分析。因此,在翻译英文时,译者需要偏重逻辑分析,使描写更趋向客观,并充分利用汉语的意境,巧妙地在英语句子结构中营造美感。

(四)句式之美

在翻译领域中,审美差异是一个不可忽视的方面,直接影响着译文的质量和传达效果。首先,翻译是不同文化之间共通性的交汇点,反映了不同文化的审美观念。在这个过程中,译者不仅需要敏感地捕捉源文本的文化内涵,还需要找到能够被目标文化接受的共通点,以确保翻译的传达更为贴切。与此同时,审美差异也涉及译者主观性与翻译客观性的平衡。译者的主观审美经验会在翻译中发挥重要作用,但翻译本身必须保持客观性,以确保译文不失原意且具有普适性。这个平衡要求译者在表达个人情感的同时,不偏离原著的核心内涵。个体审美观念的多样性也是审美差异的体现。不同人对同一散文中的意象可能有截然不同的理解,反映了个体审美观念的多样性。更复杂的是,即使是同一人在不同时间、条件下对相同意象的理解也可能存在差异。这进一步强调了在翻译中处理个体审美观念多样性的挑战。

为了应对这些挑战,译者需要采取相应的策略。首先,译者可以基于个体审美经验进行调整,考虑自身的审美认知、认知水平以及教育背景,灵活运用翻译方法和结构。其次,运用句式之美是实现作者情感传递的关键,通过选择合适的句式传达作者情感,实现读者对作者情感的充分体验。最后,实现视域融合是通过翻译实现对不同视域的融合,促使读者更好地理解不同文化和审美观。

对于英译散文,有三个基本要求。首先,译者需要全面理解原文,涵盖语言和文化层面的理解,以确保翻译能够传达源文本的深层含义。其次,再现原文特色是通过选择适当的表达方式,使译文能够忠实还原原著的文学风格和特色。最后,保持主观一致是与原作者在思想上保持一致,深度理解作者的思想和情感,以确保翻译更为准确。这些要求共同促使译者提高审美认知,揭示散文意境,实现理想的翻译目标。

四、中西散文翻译的策略

散文虽然没有诗歌的形式,却可以有诗的意象、诗的情绪、诗的意境,能唤起读者的美感和想象。散文一般篇幅短小,形式灵活,讲究形散神聚。散文的题材广泛,内容凝练,通过优美的文笔和隽永的语言追求深刻的情感内涵。散文的翻译,一在于文采,二在于传神。文采是如何传递给译入语的问题,传神是如何使译文具有与原文同样的神韵问题。在翻译中,具体表现如下。

(一)遵循文采高雅优美的翻译标准

第一,准确与流畅。作为翻译标准的"信、达、雅"运用在翻译散文作品上,大致可归纳为两条准则:准确与流畅,或简称为"信"与"顺"。"准确",就是译文与原文的内容、笔调一致。"流畅",就是译文通顺流利,语意贯通,脉理清晰,层次清楚,读来朗朗上口。倘若文学小说是用形象翻译形象,那么散文则是注重层次结构,以生动简洁来打动读者之心。在散文翻译中,对"信"与"顺"的要求,诸翻译家在认识上没有原则分歧,但如何做到既准确又流畅,标准不一。因此,同一篇文章,可能有截然不同的两种译文。

第二,文采高雅优美。作为美文的散文,以美学为视角,从词汇意境、句法结构和语体风格三个方面来渲染主题。因此，译文的词汇美和意境美，即译文的文采优美，亦即文字和修辞的"高雅"，乃是散文的另一翻译标准。要达到此标准，翻译散文时译者须注意三个方面：一是词语的内涵意义，二是词语的感情色彩，三是词语的想象语境。词语的内涵意义包含在语言的各种要素中，而词汇要素是最基本的要素。各种语言在其独特的社会制度和文化背景中，必然会产生有别于其他文化的内涵意义，具有独特的感情色彩，构成具有特定文化特色的想象语境。所以，各种文化的差异主要表现在词汇所包含的内涵意义、感情色彩和想象语境方面。

（二）采用直译为主、意译为辅的方法

现代散文家朱自清先生写过不少情文并茂、脍炙人口的名篇，其中《匆匆》被选入其诗与散文的合集《踪迹》一书。文中作者通过对时间流逝的感叹，表达了对生命和青春的珍惜，流露出对生活的热爱和对有限人生的追求。散文《匆匆》句式灵活，语言新颖，节奏感极强，内容富于诗意。因此，为将其译成理想的英译文，译者必须充分把握原文的内容和风格，选择相应的词语，才能有效再现原文清新自然、洗练畅达的特点。朱纯深和张培基的《匆匆》译文都能较好地运用上述翻译方法。下面对朱纯深译文（简称"朱译"）和张培基译文（简称"张译"）中的典型句子进行探讨，对其语言特色加以剖析，进而比较两位名家不同的翻译风格和处理方法。

例1：对于文中"匆匆"的译法。

朱译：rush, haste

张译：transient days, transition, fleeting presence live a transient life, fleeting days

评析：这个词在原文中共出现过五次，朱译通过重复用词来体现，rush 和 haste 的发音比较短促，更令人有匆匆之感。但是重复用词容易使译文变得单调乏味，所以张译使用同义词的译法比较妥当，符合英语用词求新求异的特点。

例2：燕子去了，有再来的时候；杨柳枯了，有再青的时候；桃花谢了，有再开的时候。

朱译：Swallows may have gone, but there is a time of return; willow trees may have died back, but there is a time of regreening; peach blossoms may have fallen, but they will bloom again.

张译：If swallows go away, they will come back again. If willows wither, they will turn green again. If peach blossoms fade, they will flower again.

评析：原文用了三组排比句，结构类似，节奏明快。两种译文都同样采用了排比句，力求形似。为避免重复，朱译在最后一句没有用 there is a time of 的结构，而是稍微做了些改变，改译为 they will bloom again。张译每句话都以 if 从句开头，形式非常整齐，使人想起雪莱的名句"If winter comes, will spring be far behind?"，有助于烘托原文的韵味，引起读者无尽的想象。

例3：去的尽管去了，来的尽管来着，去来的中间，又怎样地匆匆呢？

朱译：Those that have gone have gone for good, those to come keep coming; yet in between, how swift is the shift in such a rush?

张译：What is gone is gone, what is to come keeps coming. How swift is the transition in between.

解析：原文第二段以排比加设问来带出整段对时光匆匆流逝的具体描绘，朱译通过选用 swift, shift, such, rush 这些短词，意在通过短元音、爆破音和摩擦音来集中表现匆匆之感，能体现出原文的意思。而张译用句式接近的译文，还采用合句的方法，符合英语的表达习惯，而且更加简洁明了，读起来很畅快。

例4：我不知道他们给了我们多少日子；但我的手确乎是渐渐空

虚了。

朱译：I don't know how many days I have been given to spend, but I do feel my hands are getting empty.

张译：I don't know how many days I am entitled to altogether, but my quota of them is undoubtedly wearing away.

解析：原文中"但我的手确乎是渐渐空虚了"这句话，朱译采取了直译，貌似忠实于原文，实际上只是语言形式的对应，并没有翻译出原文的实际含义。张译没有按照原文的字面意思来翻译，而是采用意译的办法，表达了时间的流逝，特别是用"undoubtedly"来翻译"确乎"，比一般人所认为的"indeed""really"更为妥帖。

（三）依靠现实语境恰当地选词翻译

在进行翻译时，如果脱离上下文语境，就无法译出优秀的译文。因此，在翻译实践中，必须结合具体的语言环境来选词，而非盲目地寻找字面上的等值。

例1：早上我起来的时候，小屋里射进两三方斜斜的太阳。

朱译：When I get up in the morning, the slanting sun marks its presence in my small room in two or three oblongs.

张译：When I get up in the morning, the slanting sun casts two or three squarish patches of light into my small room.

评析：两种译文对原文中"射进"一词的处理截然不同。朱译文以静译动，体现了静态美；张译文则反映了动态美，比较符合原文的意境，因为原文中所表达的是时间匆匆地流逝，给人以动态的感觉。而且简单的一个"方"字，两人译法也不一致。朱译用"oblongs"译成"长方形"，张译用"squarish"译成"四方形"，不难看出译者的翻译视角不尽相同。

例2：但不能平的，为什么偏要白白走这一遭啊？

朱译：It's not fair though: why should I have made such a trip for nothing!

张译：However, I am taking it very much to heart: why should I be made to pass through this world for nothing at all?

评析：文中"但不能平的"，朱译用"It's not fair"来译，而张译用"taking it very much to heart"来表达，体现了作者为时间的流逝而耿耿于怀的心情。由此可见，译者对原文的理解加上了个人的风格。

例3：只有徘徊罢了，只有匆匆罢了。

朱译：Nothing but to hesitate, to rush.

张译：What can I do but waver and wander and live a transient life?

评析：原文用了两组双字词，"徘徊"是同样的偏旁部首，而且读音也相似。朱译用了"hesitate"，虽然很简洁，但是没有把原文的意思翻译出来，"徘徊"在这个地方应该指人心徘徊，仅仅"hesitate"一个词是不够的。张译用了"waver and wander"来译，既压头韵，又压尾韵，实为妙译。由此可见译者翻译时的良苦用心。

第二节 中西散文翻译鉴赏的探究

在文化交流的漫长历史中，散文作为重要的文学形式，承载着各自民族的精神内核和人文情怀。翻译，作为跨文化交流的桥梁，其对于散文的传递和解读起着至关重要的作用。中西散文翻译鉴赏，不仅是语言层面的转换，更是文化观念的碰撞与融合。

中国的散文源远流长，从《左传》《论语》到唐宋八大家，再到明清的小品文，其语言内敛而不做作，意境深远。而西方的散文，尤其自文艺复兴以来，注重个性表达，语言直白而富有感染力。在翻译过程中，如何保持原作的神韵，同时又能适应目标语言的表达习惯，是对译者的一大考验。

对于中国散文的英译，首先要理解原文的文化背景和深层含义。例如，古文中的"月落乌啼霜满天"，如果直接翻译为英文，很难传达出那种幽静、清冷的感觉。译者在翻译时，可以采用押韵、对仗等修辞手法，以尽可能地再现原文的意境。而对于西方散文的汉译，则需要考虑到中文的表达习惯和审美取向。例如，英文中的"All the world's a stage, and all the men and women merely players."在中文中被译为"世界是个大舞台，我们都是演员"。这样的翻译既保留了原文的含义，又符合中文的表达习惯，使读者更容易产生共鸣。

除了语言层面的转换，中西散文翻译鉴赏还涉及文化观念的传递。中国的散文中常常蕴含着儒、释、道的思想，而西方的散文则往往体现着基督教文化和人文主义精神。在翻译过程中，如何将这些深层的文化观念准确地传达给读者，是译者需要深思的问题。例如，杨绛先生的《我们仨》中描述的亲情和人生哲学，需要译者深入理解后以恰当的方式传达给英文读者。同样，西方散文中的自由、平等和人道主义精神也需要译者在翻译时进行适当的处理，使之符合中文读者的文化背景和价值观。

此外，中西散文翻译鉴赏还需要关注到不同语言的韵律和节奏感。中文的散文讲究音韵和谐、对仗工整，而英文的散文则注重节奏感和语言的音乐性。在翻译过程中，如何保持原作的语言风格和韵律感，是译者在实践中需要不断探索的问题。通过反复推敲和比较，我们可以找到最能体现原文韵味的表达方式，使译文读起来既有节奏感又不失原文的神韵。

综上所述，中西散文翻译鉴赏是一个涉及语言、文化和审美等多个层面的复杂过程。它要求译者不仅要有扎实的语言基础和广博的文化知识，还需要具备敏锐的审美意识和创新精神。通过不断的实践和探索，我们可以提高自己的翻译水平，更好地传递不同文化的精髓和魅力。在这个过程中，我们也可以不断地丰富自己的文化底蕴和审美体验，为跨文化交流和人类文明的进步做出贡献。

第三节　中西散文翻译的译作评析

中西散文翻译的译作评析是一项复杂而富有挑战性的任务，它要求评析者具备深厚的语言功底、文化修养和审美能力，以便能够准确地理解和评价译作的质量和价值。

第一，忠实性。一个好的译作应该忠实地传达原作的思想、情感和语言风格，同时准确地传递原作的文化内涵和深层意义。这意味着翻译者需要对原作有深入的理解，并能够用目标语言准确地表达出来。在评价译作时，我们可以关注翻译者是否准确地把握了原作的主题、情感和语言特点，是否在翻译过程中保留了原作的独特表达方式和文化内涵。

第二，流畅性。一个好的译作应该流畅易懂，符合目标读者的语言习惯和阅读习惯。这意味着翻译者需要充分考虑目标读者的文化背景和语言习惯，以便用他们熟悉的语言和表达方式来呈现原作。在评价译作时，我们可以关注翻译者是否使用了自然、流畅的目标语言表达方式，是否避免了生硬的翻译和语法错误，是否使得译作易于理解和接受。

第三，艺术性。一个好的译作应该具有艺术性，能够引起读者的情感共鸣，具有审美价值。这意味着翻译者需要具备较高的文学素养和审美能力，以便在翻译过程中保持原作的文学价值和审美特点。在评价译作时，我们可以关注翻译者是否成功地再现了原作的文学风格和审美特点，是否使得译作具有独特的艺术魅力和感染力。

第四，创新性。一个好的译作应该具有创新性，能够在翻译过程中对原作进行适当的调整和改写，为读者带来新的阅读体验和思考。这意味着翻译者需要具备创新思维和跨文化视野，以便在翻译过程中实现跨文化、跨语言的文学交流。在评价译作时，我们可以关注翻译者是否在保持原作精髓的基础上进行了适当的创新，是否通过调整语言表达方式、增加文化背景注释等方式为读者提供新的阅读视角和思考空间。

在进行中西散文翻译的译作评析时，我们应该综合考虑以上方面，全面评价译作的质量和价值。同时，我们也应该注意避免过度依赖原文或者过度改写原文的倾向，力求在保留原作精髓的基础上，实现跨文化、跨语言的文学交流。此外，我们还可以参考专业的翻译理论和翻译批评方法，如等值理论、功能对等理论等，以便更科学、客观地评价译作质量的优劣。

第六章 中西小说翻译的评析研究

第一节 中西小说翻译的特点分析

"小说"是一种人人都耳熟能详的体裁,《现代汉语词典》对小说的解释是:"一种叙事性的文学体裁,通过人物的塑造和情节、环境的描述来概括地表现社会生活。一般分为长篇小说、中篇小说和短篇小说。"但这样的解释并没有包含"小说"一词的所有内涵。根据《辞海》中的解释,"小"的释义之一是"地位低微","说"可以释义为"讲"或者通"悦"。

其实,汉语词汇"小说"(虽远非现代"小说"的内涵)一词已有久远的历史。"小说"一词早在《庄子·外物》和东汉班固的《汉书·艺文志》中便有记载。不过,古代文化语境中的"小说"主要与欢愉和消遣有关。到了清末民初,小说的功能被重新界定,维新派受到西洋文化的影响将文学的欢愉功能和认知功能结合起来提出了"小说界革命"的口号,小说被赋予重塑民族精神的重任,其地位得到空前提升。

可翻译为现代汉语"小说"的英文词有两个:fiction 和 novel。英语中第一次使用 fiction 一词是在 16 世纪,其原始意义是"制造出来的事物",用以区别于原生态的事物。英文 novel 一词源于意大利语 novella,意为"一件新异的小东西""新闻""闲聊"等;在法语中的意思是"新的",与英文形容词 novel 的词义相近。"新"是相对于"旧"而言的,当然就含有一个认知过程的问题。可见,无论是 fiction 还是 novel,都有助于培养人的认知能力。

现代西方人在编撰文学导论之类的书时也通常认为,人们阅读小说是为了"愉悦与晓谕"。翻译小说也要使阅读翻译文本的读者达到"愉悦与晓谕"的效果。

伊恩·瓦特洞察到18世纪以丹尼尔·笛福、塞缪尔·理查逊、亨利·菲尔丁为代表的英国作家,在"虚构故事"这种文学形式方面的创新,其在《小说的兴起》一书中特用 novel 一词来概括他们的作品,以区别于传统的"散文虚构故事"。瓦特注意到,他们所创造的作品是基于社会生活现实的,但他们讲述故事的方式却是新颖的、别具一格的,这就出现了现代意义上的小说。

小说是文学体裁中最常见的形式之一,它主要通过对特定典型的环境气氛的描述、引人入胜的故事情节的安排与鲜明丰满的人物形象的塑造来达到传达一定道德伦理感情的目的。在文学翻译领域,小说的翻译虽然比较普遍,然而其翻译并不容易。中西小说翻译的特点具体如下。

一、中西小说语言翻译的特点

(一)形象与象征

小说语言一般是通过意象、象征等手法形象地表明或表达情感和观点的,而不是用抽象的议论或直述其事来表达。小说的语言会用形象的表达对一些场景、事件及人物进行具体、深入的描绘,使读者有身临其境之感,从而有一定的体会和感悟。小说对人物、事物会做具体的描述,其使用的语言一般以具象体现抽象,用有形表现无形,使读者渐渐受到感染。

小说中经常用象征的手法。象征并不明确或绝对代表某一思想和观点,而是用启发、暗示的方式激发读者的想象,其语言特点以有限的语言表达丰富的言外之意和弦外之音。

用形象和象征启迪暗示,表情达意,增强了小说语言的文学性与艺术感染力,这也成了小说的一大语言特点。

（二）讽刺与幽默

形象与象征启发读者向着字面意义所指的方向找更丰富、深入的内涵，层次则使读者从字面意义的反面去领会作者的意图。讽刺即字面意思与隐含意思相互对立，善意的讽刺一般能达到诙谐幽默的效果。讽刺对语篇的道德、伦理等教育意义有强化作用。幽默对增强语篇的趣味性有着重要作用。虽然讽刺和幽默的功能差异很大，但将二者结合起来会获得意想不到的效果。讽刺和幽默的效果一般要通过语气音调、语义、句法等手段来实现。小说语言的讽刺和幽默效果的表现形式有很多，它们是表现作品思想内容的重要技巧，更是构成小说语言风格的重要因素。

（三）词汇与句式

小说语言中，作者揭示主题和追求某艺术效果的重要手段就是词汇的选用和句式的安排。小说语言中的词汇在叙述和引语中的特点是不同的。在叙述时，使用的词汇较为正式、文雅，书卷味很强；引语来自一般对话，但又与一般对话有所不同，其有一定的文学审美价值。小说的引语应摒弃一般对话中开头错、说漏嘴，因思考与搜索要讲的话所引起的重复等所用的词汇与语法特点。小说中的句式既有模式化的特征，如对称、排比等，又有与常用句式的"失协"。句式不同所产生的艺术效果也不同，作者就是通过运用不同句式而实现其表达意图的。

（四）叙述的视角

通常来讲，小说就是讲故事，所以其语言是一种叙述故事的语言。传统的小说特别注重小说的内容，关注讲的故事是什么，重点研究故事的要素，包括情节、人物和环境。但是，现代小说理论则更在意如何讲述故事，将原来的研究重点转向了小说的叙述规则、方法及话语结构、特点上。小说可以用第一人称和第三人称的形式展开叙述。传统的小说通常采用两种叙述视角：一是作者无所不知的叙述；二是自传体，即用第一人称的方式进行叙述。现代小说则变成一切叙述描写均从作品中某一人物的角度出发。总而言之，叙述视角的不同，最后所获得的审美艺术效果也大为不同。

二、中西小说文体翻译的特点

小说是一种散文体的叙事文学样式，其基本特点包括人物、情节、环境三要素构成完整的小说世界。相较于其他文学样式，小说能更细致地刻画人物性格，展现人物关系和命运变化，更为完整地表现生活事件和矛盾冲突，从而深刻反映社会生活的方方面面。小说具有容量大的特点，能够成为一个完整的"世界"，充分展现丰富多彩的旨趣、情节、人物性格，以及整个世界的广大背景。

（一）丰富细致的人物刻画

小说的独特之处在于其多角度描写人物的能力。作家能够通过肖像、心理、对话、行为和环境等多种途径来展现人物形象。这使得小说不仅是关于外貌的描写，还深入挖掘了人物内在的情感和思想。小说的一个显著的特点是无时间空间限制。其叙事可以自由穿越时间和空间的界限，涵盖从短暂几小时到漫长几十年的时间段。这种自由度使得小说得以同时描绘人物过去的经历和当时的处境，呈现出更加全面和深刻的人物形象。小说通过各种艺术手法全面展现了人物的外在和内在活动。音容笑貌、言谈举止和衣着服饰等外在方面与心理、思想感情等内在方面相辅相成。这种综合性的描写使得读者更容易投入故事中，感受到人物的立体性。另一个值得注意的特点是，小说全面刻画了人物与环境之间的关系。小说不仅仅限于描写个体的物质生活和性情，还展示了人物在社会环境中的角色和互动。从个人性情到社会关系，小说跨足多个层面，使得人物形象更为立体。小说的艺术手法的自由运用也是其特色之一。作家可以灵活运用肖像描写、心理描写、对话描写和行为描写等手法，以全面而具体的方式刻画人物形象。

（二）完整多变的情节铺叙

在小说领域，情节的特点在不同历史时期呈现出显著的对比。首先，小说情节的完整性与复杂性是其鲜明特征之一。与其他叙事文学相比，小说情节更为全面、复杂，尤其是在长篇小说中，线索错综复杂，呈现出更为庞大的结构。这种完整性与复杂性使得小说在叙事过程中更具连贯性，读者能够沉浸于一个更为庞大、丰富的故事世界之中。

小说情节的发展演变也在不同历史阶段呈现出独特的特色。在古代，小说注重故事的完整性，通常按照开端、发展、高潮和结局的顺序编排，以人物经历为线索展开情节，从而形成一个完整的故事。同时，为了增加生动性，古代小说经常穿插一些奇闻逸事，使得故事更为引人入胜。

随着时间的推移，小说情节的特点发生了显著变化。在19世纪以后的现代小说中，情节与故事逐渐分离。现代小说不再强调故事体，更注重情节的完整性。情节可以成为整个故事的基础，也可以是故事的一个组成部分。这种变化体现了现代小说对于叙事结构的新探索和新突破。

现代小说的情节特点更为多变。小说情节不仅仅是完整的，而且呈现出多变性。通过打破故事顺序结构，采用不同的叙述角度和各种技巧，作家能够展现出情节的多样性和复杂性。叙述手法也发生了变化，情节不再仅仅由单一叙述人的描述构成，而是由人物对话、口供以及叙述人的补充叙述组成。即使在没有明显时间顺序的情况下，各种技巧仍然使作品保持时序连贯和情节完整。

现代小说在情节处理上展现出独特的创新。一些当代小说甚至采用意识流手法，表面上呈现时空颠倒的情节，但通过人物意识流向和事件因果关系的揭示，读者能够发现情节在变化中仍然是一个完整的整体。这种借鉴意识流手法的创新，使得现代小说在情节呈现上更加富有深度和多样性。

（三）具体独特的环境描写

"小说通常通过典型环境的具体描写展开情节，刻画人物"[1]。在小说中，典型环境的构建是一个复杂而精致的艺术过程，包括时代氛围、社会环境、活

---

[1] 杨莉、李哲、姜宁：《文学翻译多维研究》，北京：中国纺织出版社有限公司2019年版，第88页。

动场所和自然景物等多个要素。其中，时代氛围被视为现实主义小说的基石，人物和事件在特定时代的背景下得以展开，无法脱离或超越这一时间脉络。这一时代氛围通过精心的背景描写得以体现，成为构筑小说艺术世界的重要组成部分。

社会环境在小说中扮演着不可或缺的角色，其刻画是塑造人物形象的关键要素之一。以曹雪芹为例，他通过对人物与大观园具体环境以及贾府人物的描写，深刻地勾勒出了每一个角色的独特性格和境遇。人物的具体环境不仅在语言和行为中得以体现，更通过展示其生活背景来加深人物的性格特征，使读者更加贴近和理解角色的内在世界。

具体环境的展示在小说中也被广泛用于表现人物的个性和精神面貌。小说家往往通过展示人物独特的生活环境，描绘他们在特定场景中的表现和情感体验，从而深刻地勾勒出人物的独特魅力。这种情境展示不仅仅是对人物身份、情致和品格的一种生动体现，同时也为读者提供了更加丰富和深入的阅读体验。

因此，小说中的环境描写不仅是一种艺术手法，更是一种表达作者对人物和时代的深刻理解的方式。通过精心构建的环境，读者得以沉浸在小说的独特世界中，感受时代的脉络，理解人物的命运，以及领略自然景物的变幻多彩。这一丰富的环境描写为小说赋予了更为生动和深刻的艺术内涵。

第二节　中西小说翻译的方法策略

不同文本类型对译者的要求存在差异，信息型文本注重准确、规范、易懂的语言表达；而表达型文本如小说则要求在忠实于原文的基础上，使译文通顺连贯、语言优美，以展现原文风格。在翻译小说时，译者须深入理解源语文本的类型及特点，遵循"忠实、通顺、达美"的标准，即在忠实于原文的同时，符合汉语表达习惯，不失原文的文学风采。由于英汉两种语言存在差异，译者常常需要采用词性转换、视角转移等方法，以减少"翻译腔"，确保产出高质量的译文。因此，翻译小说不仅需要对语言结构准确把握，还需要译者对原文情感和文学风格深入理解，以译出流畅自然且忠实于原作的译文。

一、中西小说翻译方法策略——词类转换

"英语属印欧语系，汉语属汉藏语系，两种语言在词汇、语法与语序上均存在极大差异，词语结构对应翻译不仅不可能，而且会使译文生硬僵化"①。因此，翻译时应在准确理解原文的基础上选择恰当的表达方式，适当进行词类转换，使译文流畅自然。

例1：When to the third knocking there was still no answer, he gently opened the door.

译文：敲了三下，还是无人应答后，他轻轻推开房门。

原文中的名词"knocking"与"answer"分别被译为"敲"与"应答"。英语是静态语言，以名词为核心；汉语是动态语言，以动词为核心。英汉语言的这种差异使译者汉译时往往不能将原文的词类对号入座，只有适当进行词类转换，才符合汉语的表达习惯，增强译文的可读性。"knocking"是由其动词"knock"派生而来的名词，而"answer"在这里是个具有动作意义的名词。若不进行词类转换，则不符合汉语的行文习惯，也无法凸显这两个词的动作意义。

二、中西小说翻译方法策略——视角转移

语言是多角度的，在翻译中，译者可以从多角度、多方面看待并思考问题。遇到难题或深陷僵局时，译者不妨换个角度思考，从主体、空间、时间及

---

① 张云霞：《小说翻译的两大基本技巧》，载《开封文化艺术职业学院学报》，2020年第6期，第43页。

正反视角看待翻译问题，或许就能"柳暗花明"，绝处逢生。

例1："Where's the Bell?"
Gerald had found the hotel in a reference book.
译文："贝尔酒店在哪里？"
贝尔酒店是格兰德在一本旅游手册中找到的。

本例属于主体视角的转移。就"主体"与"客体"而言，汉语注重主体思维，倾向于选择人或其他有生命的生命体作主语；而英语注重客体思维，主语既可以是生命体，也可以是无生命体，如抽象概念。但是在本例中，译者反其道而行之。通过主体视角的转移，译者将原文中的人称主语"Gerald"处理为译文中的宾语，而将宾语"the hotel"处理为译文中的主语"贝尔酒店"，这是译者考虑上下文联系紧密程度的结果。

例2：As soon as they entered the town, the big bell began to boom regularly.
译文：他们刚出站，就听见大钟"当——当"地响起。

本例属于空间视角的转移。空间视角与方向密切相关，即前后、左右、上下、内外等。原文中的动词"enter"表示"进入"，词组"enter the town"指"进入这个小镇"。汉译时，动词词组"enter the town"被译为"出站"，这是采用了空间视角转移的翻译方法，主要出于对原文与上文的衔接性的考虑。

与其他翻译文本不同，小说翻译需要译者在实现忠实与通顺的基础上，对小说的人物性格、韵律节奏、词语美俗等尽心研究，使之切合汉语的表达习惯与标准，且尽量传达出原作的文化特征与语言特色。这无疑给诸多译者带来了极大的挑战。但是，词性转换与视角转移等恰当的翻译技巧可以帮助译者从容应对这些挑战，高质量地完成译文。

第三节　中西小说翻译的译作评析

　　周方珠教授在《翻译多元论》中谈到小说的翻译时表示，小说中的语言丰富多样，甚至可能包括所有其他文学体裁的话语形式，因此小说的翻译对译者提出了极高的要求。它要求译者不仅能译散文对话，而且能译诗、词、曲、赋；不仅能赏解典雅华美之辞，而且能辨析粗俗龌龊之言。作为译者，能否忠实地再现原小说中的人物特征关系到译作最终的质量。不同等级的词语在塑造小说人物形象时有不同的功能与作用，这一点对小说作者固然重要，但对小说译者同样重要，翻译时不可不用心揣摩。

　　小说与其他文学体裁比较，是一种最自由的叙事性的文学形式：它既不受真人真事的限制，也不受时间、空间的约束；既能在文中直叙作者的感情和见解，又能在文中根据情节的发展描述大段的景物和人物的心态。总而言之，小说是作者对社会生活进行艺术概括，可以调动各种艺术表现手段，多角度、多层次地充分反映五彩缤纷生活的全方位的创作"摄影机"。通过叙述人的语言来描绘生活事件，塑造人物形象，展开作品主题，表达作者思想感情，从而艺术地反映和表现社会生活。因此，中西小说翻译通常具备以下的特征：

　　第一，语言的形象性。小说创作主要是形象思维。它通过形象思维来建构小说世界，来"展现"画面场景，借助具体细致的描绘来营造真实可信的氛围，渲染某种特定的情绪，使读者有身临其境的感受。如果一个作家要写一个人行走的动作，他会在十几个表示形态各异的行走动词中选择一个最为贴切的。如果是写一个人的哭，他也会在 cry、sob、weep 等词语之间做出理想的取舍。

　　第二，人物语言的个性化。作家为了生动地再现形形色色的人物个性，常常模仿他们各自的语言，使他们说出合乎自己身份、地位、教养、性格的话来，有的可能非常文雅，有的则会比较粗俗，有的则是方言俚语，极不规范，这是作家借人物语言塑造人物形象的一个重要手段。

　　第三，修辞格的广泛运用。文学作品是语言的艺术，作家所要探寻的是语言怎样才能最好地传神达意，所以，与其他任何语篇相比，文学语篇中使用的修辞格是最多的，其中尤以拟人、比喻、讽刺、夸张、双关为最。

第四，复杂多变的句式。小说叙述为了打破沉闷，使文字生动活泼，常在句式上做文章，如长短句的结合，圆周句与松散句的叠用等。这些多变的句式造成了语言的跌宕起伏、灵活多变。当然，也有一些作家因个人的语言习惯或为求得某一特定的艺术效果而采用相对单一的句式，但这种情况并不多见。

第五，叙述时空的混乱。这一特点主要存在于一些现代派小说中。传统小说的叙述总是时空脉络清晰，要么依事件发生的先后顺序描述，要么采用倒叙，即使多有场景变化，但时间和空间都交代得清清楚楚。而在一些现代派的作品中，由于作家对心理现实刻画的追求，也由于作家的创作观念及手法，如意识流手法的采用，常常使得时空变化模糊不清，作品中的人物思维、语言混乱无序，过去的、眼前的、想象中的人和事纷乱一团，语言缺少形式上的逻辑关联，毫无条理，不完整的句子很多，给理解带来了较大困难。

第七章 中西戏剧翻译的评析研究

第一节 中西戏剧翻译的主要特点

戏剧,一个在英语中既可用"drama"亦可用"theatre"表达的词汇,分别聚焦于戏剧理论和表演理论。这一词汇具有双重性,位于文学系统和戏剧系统的交汇点上。戏剧作为一种特殊的文学形式,其语言既具有共性,又具有特殊性。它是演员在舞台上表演故事情节的艺术形式,融合了"说"和"表演"的双重艺术元素。

在中国,广义上,"戏剧"包括戏曲、话剧和歌剧,而狭义上则指的是话剧。戏剧源于民间艺术,逐渐发展为一种综合艺术形式,涵盖了文学、表演、音乐和美术等多个方面。戏剧剧本既是供观众阅读的文本,又是供演员演出的文本,必须具备可阅读性和可表演性的双重特质。

戏剧表演的艺术要求在有限的时间和空间内展现人物个性和矛盾冲突,因此,戏剧语言需要精练而具有深度。翻译戏剧时,需要采取灵活的策略,以更好地传达戏剧的内涵。这涉及对文本的深刻理解和对目标语言文化的敏感度,以确保翻译能够保持原作的艺术魅力和表达方式。通过巧妙运用语言和表达手法,翻译者能够使观众在不同文化背景下同样能够领略到戏剧的情感和思想内涵,实现文化传播的良好效果。因此,戏剧翻译不仅仅是语言的转换,更是一种文化的传递与交流,需要翻译者具备深厚的文学功底和跨文化沟通的能力。中西戏剧翻译的特点具体如下:

一、中西戏剧语言翻译的特点

在戏剧翻译的领域里,翻译家们面临着双重的挑战,需要兼顾剧本的本质特征和可表演性的要求。这是因为戏剧的独特性决定了这种双重属性的必要性。剧作家渴望将自己的作品呈现在舞台上,追求着剧场性,这使得戏剧创作者、欣赏者和批评家都将注意力聚焦在舞台呈现的艺术形式上。特别是在将中国优秀剧作介绍给外国观众时,戏剧翻译家扮演着关键的角色。他们需要将原剧本的台词转化为译入语体系内的生动语言,以确保观众能够在跨文化交流中得到艺术享受。这涉及对不同文化之间的差异性和相似性的深刻理解,以便更好地传递剧作家的意图和情感。

戏剧语言的翻译也需要注重美感和感染力。戏剧对白通常是经过艺术加工的非自然对话,是一种为了塑造人物形象而创造的艺术语言。这种语言既要保持原作的精神,又要适应翻译语境,使得观众在不同文化背景下都能够产生共鸣。

在戏剧舞台上,对话被视为动作的主要组成部分。通过对话,故事情节、人物形象、戏剧冲突等元素得以揭示。这些对话的形式多种多样,包括经过作家加工的正规语言、经过精炼的诗句以及未经加工的生活语言。戏剧翻译家需要灵活运用不同的翻译策略,以保持原作的艺术张力和表现力。

戏剧语言的这种自然、明白晓畅的特点受到了王国维的大力称赞:"(元剧)又以其自然故,故能写当时政治及社会之情状,足以供史家论世之资者不少。又曲中多用俗语,故宋、金、元三朝遗语,所存甚多。"此外,按照人物的身份与处境的不同而使用千人千腔,性格饱满的舞台语言也是戏剧创作的手段之一。王国维对元杂剧高度评价的原因之一就在于它"述事则如其口出"的舞台语言特色。综合而言,戏剧语言有如下两个特点:

(一)对白朴实易晓且浅显易懂

古代戏剧语言主张通俗易懂,反对艰深晦涩,这与剧作家所处的社会现状紧密相关,也与戏剧所承载的社会功能和观众接受程度密切相关。

纵观历史，我们清楚地觉察到元杂剧作家对他们的创作是抱有非常严肃认真的态度的。在中国戏曲发展史的长河里，以戏为教的这种戏剧观是在元代确立的。著名剧作家高明在他的《琵琶记》的第一出戏中就开门见山地表明了自己的创作立场："秋灯明翠幕，夜案览芸编。今来古往，其间故事几多般。少甚佳人才子，也有神仙幽怪，琐碎不堪观。正是不关风化体，纵好也徒然……"短短几句就道出了其致力于改良社会风气的创作理想。李渔也持类似的观点："……愚夫愚妇识字知书者少，劝使为善，诫使勿恶，其道无由，故设此种文辞，借优人说法，与大众齐听。谓善者如此收场，不善者如此结果，使人知所趋避，是药人寿世之方，救苦弭灾之具也。"为了教化市井里识字不多的愚夫愚妇，剧作家难免倾向于使用易喻易晓的百姓口中的"活"语言。

戏剧作为民间与市井重要的公共生活方式，其重要目的之一就是阐释支撑当时社会伦理结构的道德价值观，从而巩固中国社会特定的以儒家思想为主体的道德准则。

（二）对白个性鲜明且惟妙惟肖

作为一种独特的文学体裁，戏剧剧本融合了小说、散文、诗歌等各种文体的特征，同时，它又有别于这些体裁的作品，那就是戏剧全部是由对话组成的。优秀的戏剧作品总是通过生动的戏剧语言在有限的表演时间和舞台空间内淋漓尽致地展现不同人物的性格特征。舞台上的演员必须进入剧中所有角色，千人千面，千面千腔。

二、中西戏剧文体翻译的特点

戏剧是一种以剧本为基础，通过演员的表演，运用舞蹈、音乐、美术等多种艺术手段来塑造人物形象，反映社会生活的综合性的舞台艺术。戏剧文学主要是指剧作家创作的供戏剧舞台演出用的文学剧本。它是戏剧艺术的一个重要组成部分，是戏剧艺术思想性和艺术性的基础。戏剧文学的文学性是它与一般文学作品的共同之处，但它的主要目的不是供人们阅读，而是为演员的舞台演出打底本。它与经过导演处理用于直接指导舞台演出用的剧本即脚本或演出本

（台本）有很大区别。前者具有较强的文学性，后者则更侧重于实用性。剧本属于语言艺术的范畴，是一种文学体裁，具有可供阅读的文学价值。戏剧和其他文体形式有着共同点：像小说一样，戏剧包含人物和情节；像诗歌一样，戏剧不仅需要读者去阅读，更需要他们去观赏和聆听。戏剧同时又具有自身的特点，戏剧中人物的性格、情节的发展以及主题的表达都是通过人物自己的语言"台词"来表现的，而不是通过剧作家的描写和叙述来完成的。戏剧语言具有注重诗意、讲究修辞、还原真实、突出个性等特点。具体而言，戏剧文学的特点可概括为以下方面：

第一，戏剧文学作为一种高度集中地反映生活的艺术形式，其核心要求在于剧本必须呈现出紧凑的情节和激烈的冲突。在有限的舞台空间和时间内，剧作者必须通过人物的语言、动作以及场景，展开复杂而深刻的矛盾冲突，以真实地反映社会生活并表达作者的思想感情。这种要求迫使剧本创作者在创作过程中深思熟虑，力求矛盾不仅仅得到表面的呈现，更需要在情节发展中开门见山地揭示这些矛盾，并迅速将其推向高潮。只有如此，作品才能具有引人入胜的戏剧性，深深牵动观众的心弦。优秀的剧本因此不仅在于描绘矛盾，更在于巧妙地展现并处理这些矛盾，使观众在情感上产生共鸣。

第二，戏剧文学的语言要求个性化和动作性相结合。在剧本中，人物的语言扮演着塑造形象的基本角色，通过精彩的对话揭示各自鲜明的性格及彼此之间的对立。这种个性化的语言必须简洁而含蓄，追求高度个性化的表达，同时又要具备动作性，能够展现人物的主动性和积极情感。这种语言不仅仅是外形的动作，更是内心的动作，透过人物的言谈，将内心的思想感情展现得淋漓尽致。这种个性化而动感十足的语言为演员提供了塑造形象的丰富空间，使整个剧作更加生动而深刻。因此，戏剧语言的精妙运用成为戏剧文学中不可或缺的一环，为观众呈现出丰富多彩、深具表现力的舞台画面。

第二节　中西戏剧翻译的具体策略

戏剧与小说一样，也是虚构的故事。不同的是，戏剧是看得见的故事，是动作的艺术。小说是通过文字来讲述故事，通过文字来反映生活和理解生活，从而在文字的阅读中领略意义，产生情感的共鸣，享受审美的愉悦。戏剧是一种综合的舞台艺术，通过营造视觉的印象和冲击力让人获得审美体验和感受。但是戏剧在没有上演之前的存在形式是剧本，跟小说相似。虽然如此，仍有一大差别，那就是戏剧艺术的基本手段是动作，剧本要表现的就是戏剧动作和戏剧冲突。戏剧动作包括形体动作、语言动作、静止动作等。语言动作包括对话、独白、旁白等。其中，对话是戏剧的关键要素，故事的演绎、情节的发展主要靠对话来完成。就剧本翻译而言，翻译好了对话在很大程度上也就翻译好了剧本。

此外，因为剧本是为了演出而写作的，剧本的读者在阅读时必须利用自己的想象力，不只要想象舞台上人物的形态、动作和神态，还要想象人物的各种感受。这种阅读方法对于作为读者的译者来说，更具有指导意义。例如在翻译过程中，通过想象设定说话人的语境、动作、神态，再根据语用学的合作原则做好人物之间的关系定位，不但容易找到"感觉"从而加深理解，而且容易找到恰当的语言，有助于准确地表达。舞台上的戏剧就是日常生活中的戏剧的反映，但它是生活的集中，生活的聚焦，生活的典型化。因此，剧本翻译要用好口语。

第一，忠实传递原文内涵。如同所有的翻译活动一样，戏剧翻译也必须遵循忠实性原则。所谓忠实是指译文不能脱离原作，要准确地将原语信息传递。

第二，灵活处理文化词汇。文化因素往往是造成理解障碍的主要原因，一种文化现象在另一文化环境中属于文化空缺，因此文化因素还具有很强的抗译性。戏剧翻译中，要特别注意具有文化色彩的词语的翻译。具有文化色彩的词语有两类，无等值物词汇与有背景意义的词。无等值物词汇是指"两种语言中的一种语言的词汇单位（词和固定词组单位）在另一种语言单位的词汇中既没有完全的等值物，也没有部分等值物"[1]。无等值物词汇主要表现在文字本身、地域文化和特有事物方面。无等值物词汇的翻译一般采用变通的方式，

---

[1] 杨莉、李哲、姜宁：《文学翻译多维研究》，北京：中国纺织出版社有限公司2019年版，第117页。

着重实现意义的等价转换和传达。有背景意义的词是指"背景意义不完全等值的词汇"。有些词的词义包括概念意义和词汇背景意义,词汇背景意义比概念意义更能反映一个民族的文化特点。在戏剧翻译中,在含有词汇背景意义的情况下,不能简单翻译概念意义,而要灵活地翻译出词汇所包含的背景意义,才能加深观众对剧本的理解。

第三,提升译文的美感。与戏剧的视听性和口头性相适应,戏剧翻译除了斟酌译文的语义和语用功能之外,还应考虑到文本用词的语音特征。戏剧的现场表演要求演员不是"说"台词而是大声"朗读"台词,因而戏剧台词不能拗口,音调需抑扬顿挫,在翻译时要注意选择词义正确而且读出来具有一定韵律感的词汇。

第四,保障译文的可表演性。不同于其他文学体裁的翻译活动,戏剧的双重性使得戏剧翻译要为两个不同的体系服务,而这两个体系对剧本的要求不同,译者所采取的翻译策略也有所差别。以表演为目的的戏剧翻译与文学体系中的戏剧翻译相比,译者要受文本以外的因素制约,特别是演出时的直接语境的影响和时空限制。因此,戏剧翻译的评判标准不仅仅是忠实于原作,同时也要考虑译文的可表演性。戏剧翻译不仅要给观众提供可供阅读的剧本,更要为舞台演出服务。在翻译戏剧时,译者面临的不仅是静态的剧本,还要考虑剧本的潜在"动态表演性"。戏剧语言的动作性也对翻译提出了不同的要求。戏剧台词的动作性包括性格化的语言、潜台词和台词中应该隐含的外显性动作。译者在翻译时一定要捕捉原台词背后的动作,弄清楚人物此刻语言背后的动作性。只有考虑到戏剧语言的动作性,戏剧翻译才能保障戏剧的舞台演出。

第三节 中西戏剧翻译的译作评析

一、中西戏剧翻译译作评析的具体内容

第一,翻译过程。中西戏剧翻译的过程涉及对源语言和目标语言的深入理

解和处理。这个过程需要考虑到文化差异、语言习惯、表达方式等多个方面。在处理这些差异时,翻译者需要具备深厚的语言功底、广博的文化知识和灵活的应对策略。

第二,翻译结果。翻译的最终目标是尽可能准确地传达源语言的信息和情感,使目标语言的读者能够理解和欣赏。在戏剧翻译中,这不仅涉及文字层面的信息传递,还包括非语言层面的表演艺术形式的还原。因此,好的戏剧翻译应该能够达到这样的目标,使目标读者或观众能够领略到原剧作的魅力和内涵。

第三,翻译策略。在戏剧翻译中,采取何种翻译策略往往会影响到翻译的效果和质量。常用的翻译策略包括直译、意译、音译等。选择哪种策略取决于源语言和目标语言的特点、文化差异以及目标读者的需求和兴趣。好的翻译策略应该能够在保持原剧作的文化内涵和艺术特色的同时,又能让目标读者理解和接受。

二、中西戏剧翻译译作评析的注意事项

在具体评析中西戏剧翻译译作时,需要考虑以下方面:

第一,文化转换的准确性。好的戏剧翻译应该能够准确传递原剧作的文化信息和情感,同时也要能够让目标读者理解和接受。因此,翻译者需要具备跨文化的意识和处理文化差异的能力。

第二,表演艺术的还原度。戏剧作为一种表演艺术形式,好的翻译应该能够尽可能地还原原剧作的表演艺术形式。这包括对肢体语言、面部表情、声音语调等的处理。

第三,语言的流畅性和自然性。好的戏剧翻译应该能够尽可能地保持语言的流畅性和自然性。这需要翻译者具备深厚的语言功底和对目标语言的深入了解。

第四,目标读者的接受度。好的戏剧翻译应该能够使目标读者易于理解和接受。因此,翻译者需要了解目标读者的文化背景和阅读习惯,以便更好地把握翻译的策略和技巧。

参考文献

[1] 常燕：《英语翻译多维视角新探》，北京：中国水利水电出版社2016年版，第155页。

[2] 单宇、范武邱：《中西译者称谓变迁与翻译主体构建》，载《湖南社会科学》，2016年第4期，第187—191页。

[3] 丁硕：《中西方文化差异对文学作品翻译的影响及翻译原则》，载《英语广场（下旬刊）》，2015年第12期，第10—11页。

[4] 付艳丽：《目的论视角下英语语言文化与翻译的交融模式研究》，载《佳木斯职业学院学报》，2016年第8期，第321页。

[5] 傅贝颖：《中西翻译美学对古典诗歌英译的启发》，载《文艺生活·下旬刊》，2012年第1期，第92—93页。

[6] 郭淑颖：《新时代英美文学翻译中的中西文化差异》，载《中国民族博览》，2023年第14期，第235—237页。

[7] 郝晶晶：《商务英语教学理论与改革实践研究》，成都：电子科技大学出版社2017年版，第35页。

[8] 洪德煜：《文学文体中诗歌翻译批评》，载《作家天地》，2023年第19期，第100页。

[9] 胡蝶：《跨文化交际下的英汉翻译研究》，长春：东北师范大学出版社2018年版，第174页。

[10] 胡雅文：《从中西翻译史看翻译的发展》，载《神州》，2017年第32期，第55页。

[11] 姜伟杰：《商务英语教学理论研究》，长春：吉林大学出版社2016

年版，第107页。

[12] 李琳：《中西方文化差异对翻译工作的影响》，载《赤子》，2018年第34期，第53页。

[13] 李明：《翻译批评与赏析（第二版）》，武汉：武汉大学出版社2010年版，第96页。

[14] 李双艳、赵倩：《散文〈青春〉四汉译本的翻译批评与赏析》，载《今古文创》，2023年第36期，第101页。

[15] 李文瑞：《中西翻译原则比较》，载《北方文学（下旬）》，2012年第8期，第124页。

[16] 李雯、吴丹、付瑶主编：《跨文化视阈中的英汉翻译研究》，长沙：湖南师范大学出版社2018年版，第136页。

[17] 李旋：《中西翻译高潮之对比》，载《青年文学家》，2012年第3期，第131页。

[18] 刘军平：《西方翻译理论通史（第二版）》，武汉：武汉大学出版社2019年版，第1页。

[19] 刘重霄：《翻译理论、技巧与实践》，北京：首都经济贸易大学出版社2021年版，第4页。

[20] 龙江华、赵静、陈倩：《翻译及翻译研究新论》，成都：电子科技大学出版社2022年版，第4页。

[21] 卢天琪：《英语翻译受中西文化差异的影响分析》，载《赤子》，2017年第36期，第123页。

[22] 孟凡君：《论生态翻译学在中西翻译研究中的学术定位》，载《中国翻译》，2019年第4期，第42—49页。

[23] 孟慧敏：《英语文学作品翻译中的美学价值》，载《湖北文理学院学报》，2022年第4期，第68页。

[24] 石杨：《浅析中西语言文化差异与翻译策略》，载《辽宁师专学报（社会科学版）》，2013年第4期，第18—19页。

[25] 宋晓焕、刘晓连、季建芬：《中西文化差异对英语翻译的影响与对策》，载《芒种》，2018年第4期，第21—22页。

[26] 田池香、阳小华：《试论影响英汉翻译中文化传递的基本要素》，载《韶关学院学报（社会科学版）》，2003年第4期，第93页。

[27] 王瑾：《比喻在中西翻译传统的相似性探讨》，载《校园英语（教研版）》，2012年第1期，第129页。

[28] 王文舒：《中西翻译市场对比研究》，载《安徽文学（下半月）》，2017年第4期，第90—91页。

[29] 王悦：《翻译美学视域下英文诗歌汉译的审美再现》，载《文教资料》，2021年第15期，第29页。

[30] 吴丹：《跨文化意识下的旅游英语翻译教学》，载《海外英语》，2014年第5期，第168页。

[31] 夏娟：《浅析中西文化差异背景下的翻译现象》，载《英语广场（下旬刊）》，2017年第1期，第24—25页。

[32] 夏弦、胡雅玲：《解读中西方文化差异下的英美文学作品翻译》，载《文化创新比较研究》，2022年第8期，第42—45页。

[33] 杨丹：《翻译美学理论视角下的散文英译》，载《散文百家（理论）》，2022年第3期，第89页。

[34] 杨静：《从中西翻译史研究现状看中国典籍英译史的研究方向》，载《外语教学》，2016年第3期，第109—112页。

[35] 杨莉、李哲、姜宁：《文学翻译多维研究》，北京：中国纺织出版社有限公司2019年版，第56—88页。

[36] 杨永刚：《翻译审美及翻译对比美学刍议》，载《内蒙古民族大学学报（社会科学版）》，2015年第3期，第89页。

[37] 禹琳琳：《中西翻译文化视角下的现代翻译补偿分析》，载《文化创新比较研究》，2020年第28期，第166—168页。

[38] 张富民：《文化交融视域中的英语翻译研究》，北京：光明日报出版社2019年版，第194页。

[39] 张云霞：《小说翻译的两大基本技巧》，载《开封文化艺术职业学院学报》，2020年第6期，第43页。